高速公路生态景观设计与评价方法研究

刘勇　杨宏志　孟超　孙国丽　叶铮　著

中国水利水电出版社

www.waterpub.com.cn

·北京·

内 容 提 要

公路建设不可避免地会受到环境资源制约，重视公路建设中的生态、环保、景观等问题，贯彻公路设计新理念，走可持续发展道路，是公路工程技术研究的热点问题。

本书结合公路设计特点，考虑生态景观对公路设计的要求，根据生态景观路线走廊带的识别、分析与选择方法，解决了公路走廊带选择缺乏可操作方法和程序的问题；基于 GIS 和 CAD 高速公路生态选线方法，从生态景观角度保证了路线方案的合理性。

本书共分为 7 章，包括绪论、高速公路生态景观规划与选线方法、高速公路景观设计原理与方法、高速公路景观评价方法、基于三维动态模型的生态景观恢复效果仿真、岩溶地区高速公路设计理念与线路设计方法研究等内容。

本书可作为土木工程道路方向的高年级本科生和研究生学习的教材，也可供相关领域的技术人员和科研工作者阅读参考。

图书在版编目（C I P）数据

高速公路生态景观设计与评价方法研究 / 刘勇等著
. -- 北京：中国水利水电出版社，2022.4
ISBN 978-7-5226-0526-5

Ⅰ. ①高… Ⅱ. ①刘… Ⅲ. ①高速公路－公路景观－景观设计－研究 Ⅳ. ①U418.9

中国版本图书馆CIP数据核字（2022）第037919号

策划编辑：杜 威　责任编辑：王玉梅　加工编辑：吕 慧　封面设计：梁 燕

书　　名	高速公路生态景观设计与评价方法研究 GAOSU GONGLU SHENGTAI JINGGUAN SHEJI YU PINGJIA FANGFA YANJIU
作　　者	刘勇　杨宏志　孟超　孙国丽　叶铮　著
出版发行	中国水利水电出版社 （北京市海淀区玉渊潭南路 1 号 D 座　100038） 网址：www.waterpub.com.cn E-mail：mchannel@263.net（万水） 　　　　sales@waterpub.com.cn 电话：（010）68367658（营销中心）、82562819（万水）
经　　售	全国各地新华书店和相关出版物销售网点
排　　版	北京万水电子信息有限公司
印　　刷	三河市华晨印务有限公司
规　　格	184mm×260mm　16 开本　12 印张　238 千字
版　　次	2022 年 4 月第 1 版　2022 年 4 月第 1 次印刷
定　　价	74.00 元

前　　言

从保护环境、改善景观和增强稳定性的角度出发，研究公路景观构成的要素，分析各个要素对公路景观系统的影响，构建道路景观评价指标体系，提出构建公路景观评价指标体系的原则和方法，建立以公路景观协调度为评价目标的公路景观视觉评价体系，为我国路域景观评价提供一种直观、快捷的定量方法，已经受到国内设计单位的普遍关注和重视。但是通过分析国内外的研究现状，与工程设计相比，目前公路景观设计还存在"为绿化而绿化"，公路景观设计过于人工化、漠视社会文化、忽视历史文化的情况，不利于公路景观设计的长远发展。

本书内容以作者的硕士论文《高速公路生态景观设计与评价方法研究》为主要框架，参考了广西交通科技项目（项目编号：[2011]54-282013A16-05）、山东省交通科技创新计划（项目编号：2010Y17）的部分科研成果，并结合了许多科研工作者的研究结论。书中所建立的评价方法等在建设项目中进行了应用。

本书共分为7章：第1章从公路景观设计方法入手，梳理和分析了国内外的研究成果；第2章基于GIS和CAD，提出高速公路生态景观规划与选线方法；第3章从视觉原理、美学原理入手，详细探讨公路景观设计的主要原理和方法；第4章借助计算机三维仿真技术对公路线形、路域环境及其他道路相关设施进行评价；第5章基于三维动态模型的生态景观恢复效果进行仿真演示；第6章结合前述章节的理论及方法，特别阐释针对岩溶地区高速公路的设计理念与路线设计方法；第7章为本研究的创新点及结论。

本书由山东交通学院刘勇策划和定稿。第1章由泰安市交通运输局叶铮编写，第2～4章由刘勇编写，第5章由泰安市交通运输局孟超和长安大学杨宏志编写，第6章由山东省交通规划设计院孙国丽编写，第7章由山东交通学院董强编写。

高速公路景观规划与设计理论的成熟与对景观认知主体（驾驶员、乘客）的认知特点研究有着密切的关系，景观认知主体的认知规律与特点需要深入细致研究，景观设计过程中应协调景观、安全、经济、环保等多目标关系。各设计目标之间的关系研究是今后努力的重点。作者也会继续在此领域内深耕。本着抛砖引玉的目的，本书内容和方法可供各位道路工作者参考。

本书的完成得到了山东大学姚占勇教授，长安大学杨宏志教授、许金良教授，山东省交通科学研究院尚勇先生的指导和真诚帮助，在此特别致谢。同时感谢本书所引参考文献作者为本书提供的坚实理论支持。

由于作者水平所限，书中难免会有不足之处，恳请使用本书的广大师生、读者和同行专家批评指正。

作　者

2022年2月

目　录

第1章 绪论

1.1 研究背景

在过去的 20 多年间，我国开展了世界上规模最大的公路建设，实现了公路交通的跨越式发展。1988 年我国第一条高速公路沪嘉高速公路通车，1995 年底全国高速公路总里程不到 1000 千米，而到了 2006 年年底，全国公路总里程已超过 348 万千米，其中高速公路总里程达 4.54 万千米，稳居世界第二位。而到 2011 年年底，全国公路总里程已超过 410.6 万千米，其中高速公路总里程达 6.4 万千米，稳居世界第二位。根据交通部新制定的《国家公路网规划（2013－2030 年）》，到 2030 年，我国将建成由"7 射、9 纵、18 横"等路线组成的中国高速公路网，届时高速公路总里程将达到约 11 万千米。实际上，随着国家对公路建设的持续投资建设，截至 2021 年年底，全国公路通车总里程已经达到 519.81 万千米，其中高速公路通车里程 16.10 万千米，稳居世界第一；高速公路对 20 万以上人口城市覆盖率超过 98%。近年来，国家用于公路建设的投资年均超过 2000 亿元。公路建设早已成为我国基础设施建设的热点，而且在今后相当长的一段时间里仍旧是我国交通发展战略的重点。

高等级公路作为国家重要的基础设施之一，为促进国民经济健康发展和提高人民生活水平做出了重要贡献。然而我国以往的高等级公路设计只侧重工程设计，导致公路沿线的景观比较单调，缺乏地域特色，植物配置上也没有反映出当地的植被特征，甚至一些公路建设对当地的自然景色起到极大的破坏作用，与我国的可持续发展战略严重相悖，忽视了公路两侧民众及司乘人员的视觉和心理感受，对公路沿线地区的景观环境、生态环境及生活环境等产生了一定的负面影响，不利于公路建设项目的持续、快速、健康发展。

随着"以人为本，以车为本"新理念的提出和深入贯彻，仅仅注重使用功能的公路设计理念，已远远不能适应时代发展的要求。公路工程设计，尤其是高等级公路工程设计要同时考虑人的感受、生理和心理需求，所设计的公路除满足交通需求外，还应给人以美的感受，以及最大限度地满足交通安全的需要。另外，高等级公路一般投资较大，一经建成，不仅影响国家的城市化布局、国土的整治和利用、区域规划和建设以及经济带的形成，而且对周围环境的景观有巨大影响，故高等级公路景观设计应引起诸多部门的重视。然而由于种种原因，高等级公路的景观设计还存在着很多问题,主要表现在公路绿化单纯追求形式美,绿化形式不但投资大、所要求的管养水平高,而且安全、生态和景观的综合效益不高,无法完全满足公路建设对生态恢复、景观再造的需求。

随着交通事业的飞速发展,人们对交通的要求越来越高,不仅要求其安全、迅速、经济、方便、舒适,而且要求其给人以精神上美的享受,故对高速公路景观设计的相关研究已日益迫切。

1.2　国内外研究概况

1.2.1　国外相关研究的历史和现状

国外的公路交通行业对公路沿线生态环境的保护与公路的景观绿化非常重视,已由以往的普通绿化发展到目前的生态公路或景观生态绿化。它强调公路绿化应综合考虑生态功能、景观美化功能、同周边环境的协调功能、交通附属设施功能等多方面的完美结合,以使公路建设与大自然最大限度地融为一体。

最早提出道路景观设计理念的是德国人,20世纪20—30年代,德国开始大量修建高速公路,与此同时,美、英等国也相继兴建高速公路。德国在大量的道路工程实践中提出了道路景观设计的理念。早在1980年,联邦德国制定的道路设计规范就包含景观设计的内容(《道路景观设计规范》RAS-LG1980)。在该规范指导下,联邦德国道路在建设过程中密切结合所穿过地区的地形,显示所通过区域的自然风貌和城镇的最佳景观,成为现代化道路设计的典范,取得了辉煌的成就。德国道路设计者认为:"道路设计中,景观是一大要素,景观设计应与道路的总体设计有机地协调,使其对周围原有环境的破坏降至最低程度。"自20世纪30年代开始修筑高速公路以来,德国十分注重研究道路与周围景观的协调问题,在公路工程的实践中逐渐形成了系统的道路线形理论,同时环保法规要求在设计阶段就要解决沿线的生态和环保问题,维护原有的地形地貌,保护植被和自然生态。德国的公路用地几乎全被草坪覆盖,与田野牧场连成一片或者是与连绵不断的林带融为一体,景观自然而优美;有时在路边的草坡上,间断变化设置几何小图案,有时是圆形、三角形、正方形,并且在表面涂有反光漆,无形中起到诱导视线的作用,夜间能不断提醒驾驶人员安全行车;大多数防眩设施和隔音设施也都用绿化来代替。行驶在欧洲的高速公路上,映入眼帘的都是大自然的景象,公路和自然和谐而统一,给人以自然舒适的感觉。

美国在道路工程实践中也提出了相应的公路美学理论。1965年,在林登·贝恩斯·约翰逊（Lyndow Baines Johnson）总统夫人的倡导下，美国国会通过了《道路美化条例》。该条例严格管制州际公路旁的路牌和广告牌，取消路旁废弃物堆置场，政府每年以 1.2 亿美元资助州际道路建设沿途风景，使道路两旁景色宜人，促进了道路设计的艺术化。《美国佛罗里达州公路景观设计指南》对公路美学综合规划、公路不同区域绿化栽植标准、自然景观保护、景观美化与公路设施的协调以及植物种类的选择、配置、栽培和养护管理等方面都提出了详细要求。同时，在公路建设中十分重视人与自然和谐统一的美感，例如，碰到生态环境中的湿地问题时，占用多少面积的湿地，就在附近补偿相等或大于所占面积的湿地，以使湿地的生态功能少受或不受影响，保护原有自然景观。在公路绿化美化方面，除要求公路建设部门高度重视外，还鼓励全社会的参与，通过各方面的共同努力来实现高速公路生态环境的保护与建设，把对自然景观的破坏程度降至最低，以实现公路建设与自然的和谐统一和视觉美感。日本在吸收欧、美等国家和地区道路景观设计经验的基础上，于 1976 年制定了《公路绿化技术标准》，并制定了相应的经营方针。其基本内容是：建设与大自然协调的高速公路网，提供更优质的服务；针对人们出行不再满足于位置转移的心态，在高速公路建设中融入景观设计，使驾驶员和乘客感觉到美的熏陶。《日本道路景观设计指南》从构思规划期、设计与施工期、营运管理期几个阶段提出了景观设计的任务、要求及措施办法等。在构思规划阶段，根据道路景观调查，列出应保留的景观资源及应回避的影响，并从路内景观和路外景观方面分析道路构筑物的景观效果，明确构思规划阶段的设计思路，通过研究制定道路景观方针，指导道路景观设计与建设。在设计与施工阶段，对土木工程、桥梁及高架桥、隧道及明洞、车道及中分带、交叉路口、休息场所、环境设施带、道路附属物、植物栽植、施工对策、原有道路景观保留和改善方面的景观设计均进行了深入论述。其具体的措施主要有：为融入自然景观，不破坏山体结构，减少填挖方工程，桥梁采用与周围环境相协调的桥型；挡土墙、隧道洞口采用特殊工艺；设置防止发生碰撞事故的"动物专用通道"，努力保护动物的栖息场所，设置"动物诱导栅栏"，设置小动物可以逃脱的边坡侧沟；采用了较低的道路照明设备；绿化区栽植与周围环境相同的树种；为使人与大自然融合，设置散步的人行道、休息长凳等设施；设置接近于大自然形态的停车带；等等。近几十年内，在国土从荒废到绿化的历史过程中，日本绿化工程的理论和技术体系得到了不断发展并日趋成熟，在实施工程的实践中，日本发明并使用了诸如客土喷播、三维网护坡、复合绿生袋、人造植物盆、喷附绿化、袋筋绿化、岩盘绿化及防灾绿化等许多针对不同类型坡面的绿化工程技术，目前这些技术已经在世界各国得到广泛应用。近年来，日本公路的绿化工程经常结合公路边坡坡面的综合治理工作同时进行，对于坡顶高、坡度陡的边坡，通常采用工程防护与植物防护相结合的方法，从而达到了坡面治理、保护公路、减少水土流失和美化环境、改造景观等综合目的。

1.2.2 国内研究进展

我国开展公路景观设计的研究工作起步较晚，设计内容和设计手段都处于较低水平。研究也仅限于对高速公路用地范围内的绿地进行绿化美化方面的探讨，全面系统的高速公路景观问题的研究并没有得到必要的重视与关注。近年来，随着公路建设的快速发展，公路景观设计工作日益引起人们的重视。1983年，我国交通部制定颁发了《公路标准化美化标准》。该标准要求道路畅通、整洁、绿化、美化，道路景物交叉协调，以构成流畅、安全、舒适、优美的道路环境。在新近的公路设计规范中，对公路线形与环境的协调等做了一些具体的规定和要求。高速公路的设计中也考虑了景观设计的原则，如注意立体线形的舒顺，避免大填大挖，保护周围环境、景观和生态平衡等。某些地方已由绿化园林公司承担高速公路绿化方案的专项设计（作为公路景观设计的一部分）和种植栽培工作。随着人们对公路环保和景观越来越重视，2003年4月，交通部环保中心与中国公路杂志社在成都主办了全国公路环保与景观技术研讨会，国内同行在相关领域进行了深入的探讨。2003年，交通部和四川省联合组织了2004年8月在北京举办的交通可持续发展的高层论坛。由此，公路景观设计研究开始得到国家相关部门的重视，并得到一定程度的发展。

《公路路线设计规范》路线设计中对公路的平、纵、横三个面应进行综合设计，做到平面顺适、纵坡均衡、横面合理。《公路路线设计规范》指出，高速公路、一级公路应特别注重线形设计，使之在视觉上能诱导视线，保持线形的连续性，在生理和心理上有安全感和舒适感。同时，还应同沿线环境相协调。高速公路、一级公路应借助公路透视图或三维模型检查线形设计同沿线景观的配合与协调；其他各级公路有条件时，亦可利用公路透视图检验线形设计。《公路工程技术标准》也有相应规定。

交通部颁布的标准《公路景观评价指标体系》由重庆交通科研设计院提出，并由重庆交通科研设计院起草。主要内容有：范围、规范性引用、术语和定义、评价指标、评价方法和其他。《公路景观评价指标体系》适用范围较为广泛，包括高速公路、一级公路、二级公路及经过自然保护区、风景名胜区、著名历史遗产的公路。《公路景观评价指标体系》明确了一些术语，如公路景观、公路景观敏感性、景观阈值、敏感点段、视距、相融性等。同时对公路景观评价提出了相应的指标，包括敏感性指标、阈值指针、生态美学价值指针、资源价值指针、视觉价值指针等，具体包含视距、视角、特殊性价值、兼容性、地质地貌、景观生态和景观视觉等。

在我国已建成通车的10万多千米高速公路中，公路景观美化方面曾做过一些尝试，积累了一定的宝贵经验。如1996年对云南省昆明—曲靖高速公路全线路堑、路堤、中央分割带和立交区等进行了全面的防护与绿化，并首次采用瑞士湿式喷播技术进行大规模的植被种植，为我国公路景观绿化技术的提高做了有益的尝试。此后，云南楚雄－大理高速公路、昆明－玉溪高速公路、大理－保山高速公路、玉溪－元江高速公路、海南环岛高速公路、广西钦州－北海高速公路、成都－雅安高速公路、江苏长江二桥连接线、沪宁高速公路、陕西铜川－黄陵高速公路、成都－雅安高速公路、青藏公路等都开展了景观绿化工作，取得了良好的经济效益、生态效益和社会效益。

国内也有不少景观设计成功的典范，其中川九公路最为典型。川九公路位于四川省西北部，是交通运输部重点建设工程。项目区海拔高、人烟稀少、生态环境脆弱，故生态保护和恢复是该工程的中心内容，通过制定完善的生态保护原则并贯彻于设计和施工中，有效地保护了沿线的生态环境。采用常规绿化技术和创新的生态恢复技术，使川九公路路域内植被恢复率达到 90% 及以上，建造了我国第一条舒适、美观的高原生态公路，营造了良好的旅游环境。川九公路生态环境的保护与恢复一方面有助于落实公路建设的可持续发展理念，创建安全、舒适、环保、美丽的行车环境，使得在合理开发利用自然风景资源的同时，工程建设和生态保护实现良性循环；另一方面也有利于提升四川旅游的对外形象，为生态脆弱区旅游公路建设树立典范，如图 1-1 所示。

图 1-1　川九公路景观设计

从保护环境、改善景观和增强稳定性的角度出发，现在高速公路绿化和景观美化已经受到国内有关单位的普遍关注和重视。在工程建设过程中，许多单位就已经开始做景观工程设计，如河南商丘－开封高速公路、甘肃中川机场高速公路等。有的单位甚至在开工前就开始进行绿化和景观设计，如广东惠州－河源高速公路（二期）在工程初步设计阶段就专门对绿化和景观进行了系统的设计。

然而，就路域景观设计而言，我国同世界其他地区公路景观相比，还比较落后，大约为发达国家 20 世纪 90 年代的水平，设计理念、方法上尚有很大差距，景观绿化技术水准已经成为直接影响高速公路投资效益的一大因素。高速公路景观建设中存在的问题如下：

（1）设计理念落后。在高速公路建设初期，由于对高速公路这个现代文明产物的文化价值认识不足，加上经验欠缺、资金制约，因此早期高速公路勘察设计中未能认识景观设计的重要性，仅仅考虑路线方案和工程方案的技术经济性，未综合考虑高填方和深挖方所引起的环境生态方面的负面影响，导致工程建成后给环境带来重大影响，景观设计不得不成为一种补救措施和装修手段。且与工程设计相比，公路景观设计还停留在"为绿化而绿化"的阶段，往往照搬园林绿化的模式，不利于公路景观设计的长远发展。

（2）公路景观设计过于人工化。高速公路景观设计的问题是过分注重人造景观，设计中只注重形式美，对司乘人员实际的景观体验重视不足。设计者常采取传统的园林景观设计手法来设计公路景观，许多公路被"装饰"成富丽堂皇的绿化带；缺乏全局意识，过分注重形式美，忽视了人们在车辆高速运动中的景观体验，造成过往旅客和驾驶人员眼花缭乱，易产生视觉疲劳和不良情绪。

（3）漠视社会文化，忽视历史文化遗迹。以往的高速公路景观设计中，普遍存在的一个问题是对地区特性缺乏研究，对沿线走廊带内的景观控制点、保护对象、风景名胜、文物古迹缺乏认识，忽视了所拟建公路作为社会精神文化系统的作用。由于对社会文化的漠视，未考虑本地的风俗人情，故与整个路域沿线文化背景相脱节的生硬景观作品比比皆是，严重破坏了原有的宝贵历史遗存和传统风貌。

1.3　研究的主要内容

本书根据我国形势的发展以及为适应当前公路建设蓬勃发展的需要，针对国内外关于高速公路景观设计所做的研究，结合我国高速公路景观设计存在的问题及我国高速公路的发展现状，重点研究论述如下内容：

（1）高速公路生态景观规划与选线方法研究。在系统分析路线走廊带组成要素的基础上，研究路线走廊带的识别、分析与选择方法。以 GIS 为技术平台，研究基于空间关系的环境敏感性调查与分析、可行方案的比选方法、基于图形叠置法和层次分析法的环境评价方法及基于GIS 和 CAD 系统的强调环保的设计程序。

（2）高速公路景观设计方法研究。首先从分析公路景观构成要素入手，明确高速公路景观的主要构成部分。探讨高等级公路景观设计的特点与应遵循的原则，并在综合考虑各个景观要素和高速公路景观设计原则的基础上，提出符合时代要求的景观设计基本思路。对高速公路几何线形景观和构造物景观的设计进行详细研究，探讨目前景观设计中的相关热门问题。

（3）公路景观影响评价研究。经详细分析和筛选，在美学、视觉原理以及协调理论的基础上，确定能对照和衡量各个方案同一尺度的公路景观视觉影响评价指标体系，提出公路景观视觉协调度（VC_{RL}），并根据该指标值评价公路景观视觉协调性。

（4）基于三维动态模型的生态恢复效果仿真。研究三维动态仿真和建模技术，在典型路段对生态恢复体系的典型方案进行直观模拟。

第 2 章　高速公路生态景观规划与选线方法

公路生态景观设计是近年来随着人们对生态环境保护意识的增强而逐渐形成的一种设计方法。生态景观设计就是把生态环境作为一项控制指标，在工程设计开始即从主观上考虑生态保护和景观再造问题，根据沿线不同的生态区域调整路线的布局位置，合理地布置公路路线，并以此为基础，利用合适的生态位理论和相应的物种配置，构建满足生态要求的路域景观，从而保护生态环境，提高路域美感，使工程项目发挥整体效益。

2.1　高速公路生态景观总体设计流程

公路建设可分为规划、设计、施工、运营等过程。在不同的建设阶段有不同的工作内容和重点，对生态景观设计的要求以及生态景观设计的方法也有所不同。公路生态景观设计工作应贯穿公路建设的全过程，在高速公路建设的整个生命周期，即从公路规划、初步设计、详细设计、施工及管理养护各个阶段，公路设计者就应该与生态学家及景观设计师通力合作，进行高速公路的生态景观设计。总体工作流程如图 2-1 所示。

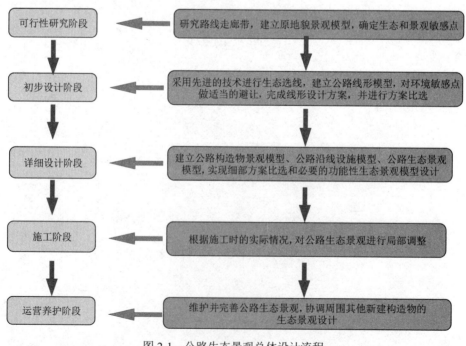

图 2-1　公路生态景观总体设计流程

1. 可行性研究阶段

该阶段应当从宏观的角度考虑路网规划效果，加强立项阶段的环境保护工作，对国家级自然保护区、环境敏感区可能产生的影响，提前开展相关调研分析，避免由于工作深度不足造成对环境的破坏，以深入研究生态环境问题。路线主要控制点和大走廊带选择，应综合考虑地形、地质、水文、生态等因素，处理好与自然保护区、风景名胜区、湿地、饮用水源保护地、地质公园等环境敏感地区的关系，选择好桥隧建设方案，避免产生对环境的负面影响。同时，要充分论证技术标准，合理确定不同路段的设计速度、路基宽度。

本阶段应首先认识公路所处地区特性，重点研究路线走廊带，力求缓和工程本身对环境的影响，筛选出合适的重要景观控制点，回避保护对象，充分利用环境景观资源，合理布线，与沿线地形地物相适应，并在此基础上确立针对项目的景观设计思路及原则。

2. 初步设计阶段

初步设计的主要任务是选线定线。公路线形既要满足交通要求，又要结合公路穿过地区的地形，对于景观敏感点定线还应该坚持合理利用的原则。应把保护沿线自然环境、维护生态平衡、防止水土流失作为重要因素，在各专业设计中予以考虑和体现。在路线方案选择时，应对公路沿线周围环境敏感区域进行深入调查，多方案比选，充分研究不同路线方案给沿线环境带来的影响，认真落实环境影响评价报告和水土保持方案中提出的生态保护和水土保持的各项要求，合理确定路线方案。

本阶段主要确定路线和工程方案及生态景观设计细则。采用合理的路线方案减少对沿线地形的改变，例如：上下行线的高低分修，充分利用沿线环境的景观资源；采用合理的工程方案减少对沿线地形的改变，如高架桥、挡土墙、隧道等结构，挖土边坡圆滑化，研究立交的选型等；应用信息技术检验沿线动态景观效果，确保高速公路景观生态化。

3. 详细设计阶段

本阶段应将初步设计确定的生态景观设计方案进行细化，确定详细尺寸及工程数量。对路基工程进行设计，主要是对边坡、中央分隔带、用地边界、植物防护方案进行细部设计；对桥梁工程进行设计，主要是梁部及墩部细节设计、附属设施设计、涂装色彩设计、上跨分离式立交设计、互通式立交设计等；对隧道工程进行设计，主要是出入口设计、隧道内空间设计；对交通安全及环保设施进行设计，主要是隔音墙、标志、护栏、服务区房建等设计；对绿化进行设计，主要是植树、建设代替自然的环境，有效利用表土及既有树木等。

4. 施工及管理养护阶段

根据实际的情况，尤其是施工过程中出现的而先前的设计没有考虑到的情况，局部的调整和完善景观设计，并协调周围新建构造物。公路生态景观是一个需要长期维护的工程，并不是设计施工完成就结束了。在施工后，公路生态和公路景观在长期的自然和人为作用下会逐渐遭到损坏和破坏，不仅需要相关部门长期的维护管理，更需要全社会的共同参与。

2.2　高速公路景观规划与设计协调方法

在公路景观设计中，如何将不同的一个接一个出现又不断消失的景观要素有机地组织起来，使它们融为一体，特别是如何完成公路从一个区域到另一个区域的景观过渡，是公路景观规划与设计的关键。景观设计中，除需要采用对比的方法对路线经过的环境景观特征进行加强外，设计中还应强调沿途环境特征的统一感。这包含解决外部环境特征形体连续性方面的问题：以一种使设计者满意的方式将视野的一连串变化融合成一体，充分考虑从一个区域到下一个区域的转换模式。

在公路景观规划、设计、利用方面，合理地选用景观要素的转换模式，可以增强旅行者对沿线环境的认知。例如，高低之间的对比可用来强调景物的特性。从高地朝湖泊方向下降时，如果道路到达临近水边，驾驶员对高度变化的体验将会加强。沿着山脊行驶时，如果上坡地形和坡上的树木紧紧地包容着道路，那么驾驶员将更生动地体验到开阔的景色和向另一侧下坡时的感觉。当从沼泽驶入林区时，明暗间的对比转换会增加旅途的振奋情绪。

在公路景观的规划设计中，为了使景观特征逐渐地、持续地、统一有序地进行变更与转换，下面以图示的方法描述景观规划设计中统一、协调与对比的关系。

（1）一个区域终止即另一个区域在开始：它们是对比的关系，其变化非常突然。这种公路景观变换形式典型的例子是：突然从开阔的市郊进入到楼房林立的市区或者是从森林地带进入到开阔的草原，其间没有过渡地带及景观过渡要素，如图 2-2 所示。

图 2-2　公路景观要素转换示意图（一）

（2）景观的突然变化伴随着一个起统一作用的要素，该要素从一个区域持续到下一个区域。如道路的行道树从开阔的市郊连续到市区环境就属于这种情况；路面本身、中央分隔带等可作为一种连续因素，如图 2-3 所示。

图 2-3　公路景观要素转换示意图（二）

（3）把后继区域的基本要素特征逐渐在数量上增加引进到下一区域。例如公路在到达一片森林之前，首先是开阔地带，后面伴随着灌木地带，然后散种着一些打前站的树木，最后进入森林区域。又如道路从城市进入市郊，路旁的建筑物从成片的、密布的形式渐变为散置的单栋房屋景观，如图 2-4 所示。

图 2-4　公路景观要素转换示意图（三）

（4）一个区域的很强的辨识特征逐渐减弱以至于消失，而下一个区域的特征则逐渐出现并由弱至强，如图 2-5 所示。

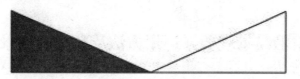

图 2-5　公路景观要素转换示意图（四）

（5）景观转换特征与（4）类同，但伴随着一个连续因素，如图 2-6 所示。

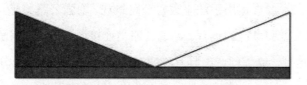

图 2-6　公路景观要素转换示意图（五）

（6）两个区域具有（4）的特征，但被一个很短的不同特征因素分开，如图 2-7 所示。如野外区域被一个湖泊分开就属于这种情况。

图 2-7　公路景观要素转换示意图（六）

（7）这是（1）与（4）的组合情况，如图 2-8 所示。

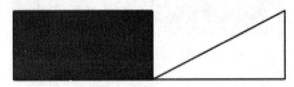

图 2-8　公路景观要素转换示意图（七）

（8）第二个区域的属性逐渐沿着第一个区域的长度上引进来，直到第二个区域的性质占统治地位为止。例如，平坦的地形渐变为起伏不大的丘陵又逐渐转变为丘陵地时，这种转变形式可能是自然发生的。图 2-9 中的形式（a）的转变方式可以演化成无数的样式，图 2-9 中的（b）和（c）就是所建议的两种过渡方式。

（a）形式　　　　　　　　（b）过渡 1　　　　　　　　（c）过渡 2

图 2-9　公路景观要素转换示意图（八）

2.3　公路沿线景观要素运用方法及公路内部景观的协调

1. 公路沿线景观要素运用方法

公路沿线景观设计范围内的地貌景观资源、人文景观资源、生态景观资源在公路景观设计中均可以采用各种景观要素运用手法来改善公路景观，增强公路美感。公路沿线景观要素运用是对沿线景观资源发掘和顺应的过程。高速公路是连接城市（包括旅游点）之间的线形结构物，常常跨地区、跨地域，要想创造出具有鲜明风格的道路景现，应充分结合当地的地城特征和人文特点。特别是公路经过少数民族地区、旅游点、动植物保护区等具有明显人文和自然特征的地段时，景观设计要因地制宜，体现出鲜明的风格、风貌。在表现公路景观时，可利用多种景观要素运用的艺术手法，包括对景、借景、障景、框景和造景。

（1）对景。

对景原指园林设计中，静观或动观时安排在游人正前方的，用于点缀、烘托或陪衬其他景物不可缺少的一些景物，借以免除视觉中的寂寞感。

静观的对景是指建筑物附近的附属景物，在高速公路景观设计中，服务区和收费站员工休息区可适当做一些小品，使人们在停留休息时，临窗近观也不感寂寞。动观的对景是在道路端头或转弯的地方安排有趣的景物,使人在路上移动时受到它的吸引,至少感到前方有景可看,心情上稍有慰安。

对景的目的在于指向性和目的感。如图 2-10 所示迎面而来的远山让人感到大山的宏伟,对景艺术手法无疑得到了良好体现。

图 2-10　公路景观对景设计手法

采用对景设计手法时应注意:布线时最好将景观安排在弯道外侧,形成一连串的景点。此时眼睛趋向于被弯道外的景点所吸引。这种做法有助于使旅途充满变化,并传送一种向前运动以达到终点的情绪;当一个暂时性目标被驾驶员作为注意的对象时,如果道路最终从这个目标旁通过,他可能有一种满足的情绪,否则就可能产生一种沮丧的情绪。图 2-11（a）所示是景点安排有序的例子,而图 2-11（b）则是景点之间部分重叠,以致先前那个景点或目标还未消失之前,新的一个景点和目标又闯入视线。

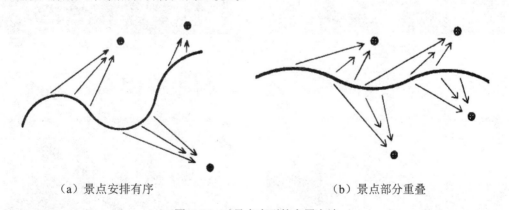

（a）景点安排有序　　　　　　　　　（b）景点部分重叠

图 2-11　对景点序列的布置方法

（2）借景。

借景是中国园林的传统手法,同样适用于公路景观的营造。高速公路路域内的景观面积和空间是有限的,为了扩大景物的深度和广度,需要有意识地把路外的景致借到路内视景范围内，收到寓无限于有限之中的妙用。公路环境借景是对已有景观或自然风光的利用，希望达到的目标有两个：一是沿线看到的是美景；二是地域特征和重点美景能被展现，最终通过目见之景而使心感其"道"。公路巧妙借用周围的地形地物所创造的路外景观，是提高公路文化氛围的捷径，如图 2-12 所示。

（a）借用路侧山体景观

（b）借用路侧山水景观

（c）借用路侧村镇景观

（d）借用路侧城市景观

（e）借用路侧农田景观

（f）借用路侧农田与山体景观

图 2-12　公路景观借景设计手法

高速公路景观借景设计可分为近借、远借、仰借和俯借等手法，在设计中应注意以下问题：

1）对于特殊的景点和目的物，通常存在能被设计与利用的最佳视距。然而，如果能灵活运用近借、远借的景观营造手法，会创造令人愉悦和有趣的道路景观感觉。有时，随着驾驶员视点的动态变换，某个景点同时既是远景又是近景，路线布设和借景设计中应综合考虑，将其作为远景又作为近景利用。

2）采用借景设计方法时，应注意公路几何特性、外部景观、车辆运行变化的方式等对公路景观节奏和韵律的影响。

（3）障景。

障景又称抑景，在园林中凡是能抑制视线、引导空间转变方向的屏障景物均为障景。高速公路的沿线一些不够美观和不能暴露的地区和物体可采用障景的艺术手法，利用植物或景石来隐蔽。

图 2-13 为城市出入口处景观，凌乱的建筑物构成不和谐的公路景观单元，采用栽植植物的方法将凌乱的景观单元遮蔽，是公路景观设计中常用的手法，即"佳则透之，陋则敝之"。

图 2-13   城市出入口障景设计示意图

（4）框景和造景。

在公路景观设计中，通常采用沿线绿化的方式来改变和提高公路沿线环境质量。绿化种植中，应强调韵律与节奏。设计合理的路侧绿化，使司乘人员能享受到富于变化的连续空间和不同的视觉体验。在绿化景观设计中，多采用框景的设计手法。

框景是利用树干树枝所形成的框、山洞的洞框等，有选择地摄取另一空间的景色，好似一幅嵌于镜框中的图画。这种利用景框所观赏的景物称为框景。框景的作用在于把园林景色利用景框的设置，统一在一幅图画之中，以简洁幽暗的景框为前景，使观者视线通过景框集中在景物上，给人以强烈的艺术感染力。高速公路景观设计中可以利用成行排列的树干或树枝作为景框，把沿线的景色远景框起来，使人产生错觉——把现实风景误认为是画在纸上的图画，因而把自然美升华为艺术美。

通过路侧种植把景观框起来的方法很多。以两侧有并排树的道路为例，最简单的方法是按设计速度留出一段空隙，如图 2-14（a）所示。植物的框景线也可以通过一些较小的乔木和灌木逐渐把景物展开，如图 2-14（b）所示。另一种方法是把树的间距拉开，按设计速度比例留出间隙，使路侧的景观不受干扰。可以用有规律的间隔，如图 2-14（c）所示；也可用不规则的间隔，如图 2-14（d）所示。

（a）通过小的乔木和灌木展开景物

（b）通过拉开树间距展开景物

（c）通过规则间隔框景

（d）通过不规则间隔框景

图 2-14　绿化设计中的造景与框景

2. 公路内部景观的协调

公路景观设计中不仅要通过对景、借景、景观转换等景观设计手法，对公路沿线的景观元素进行合理利用与安排；而且公路自身应合理地进行平纵线形设计与路基横断面设计，使线形与周围景观环境相协调，从而实现公路外部景观与内部景观的协调一致。

（1）应在视觉上能自然地引导驾驶员的视线，并保持视觉的连续性，图 2-15 中的平纵组合设计，造成了视线的中断与扭曲，应予以避免。

（2）注意保持平、纵线形的技术指标大小应均衡。大小均衡并不是要求平、纵线形技术指标要相等，它包括两个含义：一是当平、竖曲线一一对应时，指平曲线和竖曲线二者长度的均衡；二是当平、竖曲线多个对应时，二者个数的均衡。

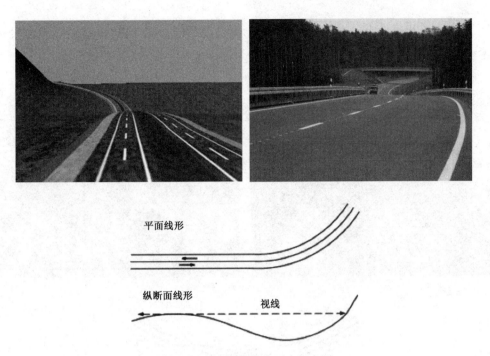

图 2-15　平纵线形组合不当示意图

　　图 2-16 所示为平面线形为直线、纵断面线形为两个竖曲线的组合情况，视线中断。若修改为直线与直坡段的组合，则线形顺畅。

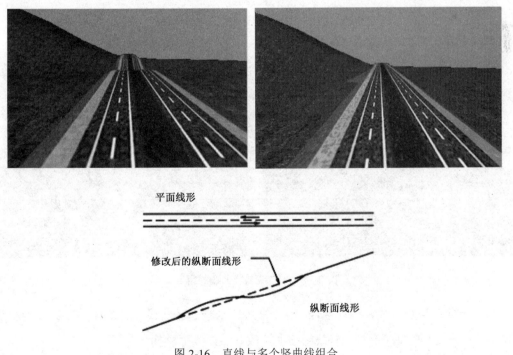

图 2-16　直线与多个竖曲线组合

　　图 2-17 所示为平面上单个平曲线与多个竖曲线的组合，线形扭曲，改善为直坡段后，线形平顺舒畅；图 2-18 所示为改为平包竖后，线形同样顺畅。

图 2-17　平曲线与多个竖曲线的组合

图 2-18　平曲线与竖曲线的组合

　　（3）平曲线与竖曲线宜相互重合，且平曲线应稍长于竖曲线。图 2-19、图 2-20 为平竖曲线组合的例子，平竖曲线不对应时线形扭曲，改善后，线形顺畅。

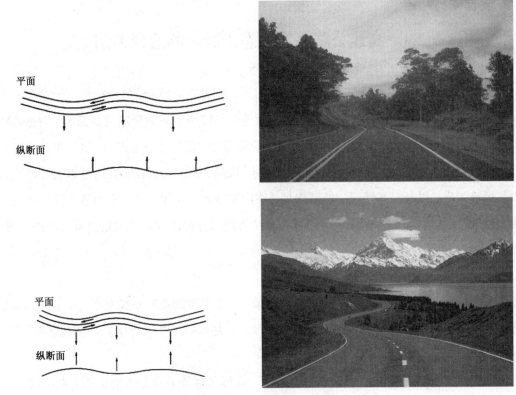

图 2-19　平竖曲线的组合

图 2-20　平竖曲线的组合

2.4 高速公路路线生态走廊带的选择方法

路线生态走廊带的选择是全面布局的一项工作。它是在公路起、终点间选定一条技术上可行、经济上合理，能符合使用要求又能最大限度地保护路域生态的公路走廊工作。生态走廊带选择面对的是一个十分复杂的自然环境和社会经济条件，需要考虑多方面因素。生态走廊带的合理性不仅直接影响工程建设规模、投资、工期、质量、抗灾防灾能力，而且影响公路的社会效益、运输效率，以及沿线经济、城镇规划、路网密度等，因此，生态走廊带的选择必须由粗到细，由轮廓到具体，逐步深入，分阶段、分步骤加以分析比较，以期定出最合理的方案。

2.4.1 走廊带的组成要素

走廊带的组成要素包括与几何属性有关的要素（走廊带的走向及控制点、走廊带的长度与宽度）和与物理属性有关的要素（不良地质地段、自然保护区和敏感区、人文社区要素等）。

1. 走廊带的走向及控制点

路线走廊带的拟定受路网规划、社会条件、自然条件等多种因素的影响。其所必须经过或绕避的地理位置点就是控制点。按照确定控制点考虑的因素不同，可以分为经济控制点、地形控制点、地质控制点、环境控制点、城镇控制点和旅游控制点等。

将公路网规划所确定的路线起终点和控制点依次连接，就是走廊带的基本走向。走廊带控制点间有不同的连接方法，构成了路线走廊带的可能方案。走廊带方案确定后，就决定了路线的大致长度、对环境的影响程度、对经济的带动作用、施工难易程度和工程的基本造价等。

2. 走廊带的长度与宽度

走廊带的长度与工程经济性和运营经济性密切相关，必须兼顾工程经济和运营经济。一般情况下，走廊带应力求短捷、顺直，不应过多偏离走廊带的基本走向，以缩短直通客货运输的距离和时间。虽然有时长走廊带方案造价低，但交通量大时，营运费用较大，通常会超过在工程造价上节省下来的全部收益。

走廊带的选择是一个由粗到细、由整体到局部，逐步深入、分阶段的过程。因此，随着设计的深入，走廊带的宽度由宽到细，走廊带的条数也由多到少。在设计的初期，设计者关心的是一些较为重要的、大的控制点，其思维过多地停留在概念设计阶段，为了能够对走廊带方案进行充分比较，此时走廊带的拟定和选择是在宽带范围内进行的，一般取 10～15km。随着设计的深入，在综合考虑各方面因素后，会剔除一些不满足控制因素的走廊带，此时对走廊带的拟订和选择则会集中在几条宽度为 300m 的中带范围内，而后续的路线方案的选择则是在几条宽度为几十米的窄带范围内进行的。

3. 不良地质地段

山区一般地质条件复杂，地质环境脆弱，地质灾害多发，高速公路的建设不可避免地会对地质环境造成破坏，处理不好还会诱发和加剧各种地质灾害，增加公路建设投资，影响工期，甚至给运营阶段带来严重的安全隐患。

山区的主要不良地质地段通常包括滑坡、泥石流、岩崩、岩溶、岩堆（坡积层）、软（弱）土、膨胀土、湿陷性黄土、冻土、水害、采空区以及强震区（高地应力）等地段。在走廊带拟订和选择时，应深入进行调查研究，查明特殊地区和不良地质地区的分布范围、类型、规模和严重程度及其发生、发展的原因和规律。根据具体情况，提出各种可行的绕避和通过方案，做到绕有根据，治有办法，保证公路建成后畅通无阻。

4. 自然保护区和敏感区

公路沿线存在诸多的自然保护区，通常包括珍稀动植物生态保护区、湿地生态保护区、自然景观保护区等，这些区域自然风光优美但生态环境脆弱，动植物种类丰富但存在很多濒临灭绝的珍稀物种。同时，山区自然环境千差万别，承受能力不尽相同。在同等冲击力作用下，通常环境越敏感的地方，环境变化越剧烈，甚至超过环境的承载能力；对于环境不敏感的地方，环境变化不剧烈，受到的影响就比较小，环境承负力也较大。因此，要实现公路建设的可持续发展，就必须调查和识别路线走廊带内的生态保护区及敏感区。

5. 人文社区要素

公路沿线的村镇、城市、居民地是路线走廊带的固有要素，路线走廊带在拟订和选择时必须征求沿线政府、居民的意见，使城镇要素成为走廊带内的有利要素，从而带动当地经济，增加社区价值，实现和谐发展。

另外，还必须确定路线走廊带内的人文资源（文物古迹、民族风情区等）的位置和性质，使得路线走廊带不仅不破坏人文旅游资源，还有利于人文旅游资源的开发。

2.4.2 生态走廊带的识别与选择

1. 生态走廊带的识别

按照公路生态景观设计的目的和理念，从功能、安全、环保、美观、以人为本和可持续发展出发，可以从以下六个方面的因素对生态走廊带进行识别与分析。

（1）环境因素。生态走廊带在选择时首先需要考虑环境因素，包括湿地的数目和范围、影响区内的河流和沟渠、濒危野生动植物栖息地、人文资源、自然保护区的类型及范围，以及环境敏感区的范围。

（2）地形地质因素。复杂的地形地质情况是影响生态走廊带选择的关键因素。地形的起伏，河流的走向，滑坡、泥石流等不良地质现象的位置将直接影响到生态走廊带的走向、公路的造价及结构物的稳定。

（3）交通效率与安全。交通效率包括生态走廊带与综合运输网的关系、与公路网规划的关系、交通质量的改善。其中交通质量的改善包括出行里程缩短程度、出行时间缩短程度和运营费用的节省程度。

交通安全则是从宏观上估计各生态走廊带的安全水平。

（4）工程造价因素。在进行生态走廊带选择时，对工程造价因素的考虑较为宏观，主要从走廊带长度、桥隧长度、交叉的数目及规模等方面进行考虑。

（5）经济发展因素。生态走廊带对影响区范围的经济带动作用有多大，是影响生态走廊带选择的关键因素之一，主要包括服务人口数目、沿线经济发展水平、为哪些区域提供新的出行通道等因素。

（6）社区价值因素。公路建设必须能够增加社区价值，有利于建设和谐社会，因此在进行生态走廊带选择时还必须考虑工商业区的位置、社区的位置（包括机场、学校、城镇等）、农业高产田及果园的位置等。

影响生态走廊带选择的因素是多方面的，各种因素又多是互相联系和互相影响的。生态走廊带应在满足使用任务和性质要求的前提下，综合考虑自然条件、技术标准和技术指标、工程投资、施工期限和施工设备等因素，通过多方案的比较，精心选择，提出合理的推荐方案。

2. 生态走廊带选择的原则

生态走廊带的优劣关系到公路本身功能的发挥和在路网中作用的发挥。生态走廊带的选择受诸多因素的影响，为了妥善处理好各方面的关系，应遵循以下基本原则。

（1）在生态走廊带选择中，应重视地质、生态因素，既要注重对地质不良路段的绕避，又要减少对周边环境的影响，还要考虑路线对沿线经济的促进和拉动作用；应把生态走廊带作为不可再生的资源，统筹规划、合理布局、近远结合、综合利用。

（2）生态走廊带通过名胜、风景、古迹地区时，应注意处理好绕避与穿越的关系，最大限度地保护原有自然状态。其人工构造物应与周围环境、景观相协调，对于重要的文物古迹一般采取绕避方案。

（3）设计过程中应在深入调查、论证的基础上确定合理的路线走廊带及其主要控制点，应详细调查当地土地情况，收集土地资料，进行分类研究，将土地占用情况作为路线走廊方案选择的重要指标。要尽量减少占用耕地，避让基本农田和经济作物区。

（4）生态走廊带的确定应考虑走廊带内各综合运输体系的分工与配合，统筹规划、近远期结合、合理布局，以充分发挥和提高公路总体综合效益。

（5）生态走廊带的选择应重视地区经济带格局，使拟建项目成为主体经济带和交通运输主动脉，既促进多年形成的经济带的发展，又促进新经济带的开发。

（6）生态走廊带的选择应兼顾工程经济和运营经济两方面的因素，既要节省工程造价，又要提高交通效率和质量，保证交通安全。

（7）生态走廊带的选择必须充分考虑公路建设与城镇建设的关系，采取合理布局，最大限度地满足双方需求。公路建设与城镇建设基本原则为：服务城镇，避开城镇，专线连接，立体交叉。

（8）在生态走廊带的确定和选择过程中，应充分听取公众的意见，这不但是公众应尽的义务，也是公众的权利。公众直接参与工程设计是社区价值的反映，使直接或间接受到项目影响的各群体的利益和意见有所考虑和补偿。

2.4.3　路线生态走廊带选择的步骤与方法

1. 生态走廊带选择的步骤

生态走廊带的拟定和选择是一个由粗到细、由整体到局部、由轮廓到具体、分步骤分阶段的过程。生态走廊带的选择可以分为六步进行，如图 2-21 所示。

（1）研究区域的确定及资料收集。利用 1:5 万或者地理信息系统（GIS）确定拟研究区域中对生态影响最小的路线走廊带的大致范围，然后进行资料收集工作，包括项目研究区域内的路网规划、水文地质、经济发展、农田水利、村镇布局、地形地貌、生态环境、旅游资源、区域交通特征等资料，为生态走廊带的拟定和选择做准备。

1. 确定研究区域
2. 确定走廊带要素及其限制条件
3. 确定10～15km宽的路线生态走廊带
4. 生态走廊带的初步评价与筛选
5. 确定2～5条300m宽的路线生态走廊带
6. 路线生态走廊带的详细评价与选择

图 2-21　路线生态走廊带选择的一般步骤

（2）确定生态走廊带要素及其限制条件。分析影响生态走廊带选择的各种因素，确定路线走廊带的控制点、基本走向、走廊带的宽度和长度特征，在 GIS 或调查资料的支持下，对生态走廊带的影响要素如不良地质地段、自然保护区和敏感区进行识别和确定，从而确定影响路线走廊带确定和选择的各种限制条件和因素。

（3）确定 10～15km 宽的路线生态走廊带。根据确定的走廊带宽度，在仔细分析路线走廊带影响因素和限制条件的基础上，按照走廊带确定的一般原则，在 1:5 的地形图或 GIS 上初步拟订几条宽路线走廊带。

（4）生态走廊带的初步评价与选择。从环境生态保护、地质因素、经济带动等方面，对宽走廊带进行初步的评价与筛选，选定 1～2 条宽路线生态走廊带。

（5）确定 2～5 条 300m 宽的路线走廊带。在宽路线走廊带内，进一步分析路线控制点和影响要素，确定 2～5 条 300m 宽的路线走廊带。

（6）走廊带的详细评价与选择。从环境配合、交通效率与质量、工程造价、经济发展、社区价值五个方面，利用专家打分、综合评价的方法，对路线生态走廊带进行评价和分析，最后选出满足公路设计目标、适合布设路线方案的路线走廊带。

2. 路线生态走廊带选择方法

路线生态走廊带方案的优劣直接关系到公路使用效果及对沿线政治、经济、文化、环境等的影响。最佳的路线生态走廊带的选择受许多具有模糊性的、复杂的客观因素的影响，如评选方法、评选时的社会政治、经济、文化和军事等因素；同时还受评选人员的主观因素的影响。因此，建立科学、全面、实用的路线生态走廊带选择方法十分必要。

遥感（RS）是一门通过非接触传感器获得所摄目标的影像并由影像提取各种几何和属性信息的科学技术。遥感图像具有宏观、逼真、直观、丰富的信息，为进行地形地貌、地质构造和地物的识别分析提供了可靠依据，具有其他方法无可比拟的优势。通过对高分辨率卫星图像的判释，查明路线走廊经过地区的生态情况及工程地质条件，并进行图像处理，通过计算机制图绘制出彩色生态状况图、工程地质遥感判释图和水文地质遥感判释图，必要时进行少量有针对性的调查工作，为路线生态走廊方案的研究与比选提供依据。

应用遥感（RS）技术进行路线生态走廊选择，需要考虑设计阶段的具体要求。由于各阶段工作所依据的基础资料及文件要求深度不同，具体工作方法与详略程度也有所不同。

（1）在工程预可行性研究阶段，主要是利用航测遥感技术的优势，在大面积范围内进行方案研究、论证和比选。运用遥感图像进行地形地貌、植被覆盖、水文地质、地层岩性、地质构造、不良工程地质现象（滑坡、崩塌、泥石流等）判释，初步进行生态带的区分，然后现场踏勘、验证，编制 1:10000～1:50000 的工程地质略图及生态本底略图。同时，利用遥感图像还可进行控制走廊方案的大中桥位置的选择。

（2）在工程可行性研究阶段，遥感技术的应用以大比例尺遥感图像为主，以对生态状况和工程进行地质判释、调绘工作，采取综合勘探手段，获取所需的生态资料、工程地质及水文地质资料。

（3）在初测阶段，遥感图像、航摄相片先于大比例尺地形图，为各有关专业提供了沿线地区的自然模型。技术人员首先根据批准的路线走廊方案在相片上进行初步选择，其他有关专业技术人员，即可进行室内判释、调绘工作，并制订现场验证、测绘方案，指导现场调查、收集资料。

2.5 高速公路生态景观选线方法

2.5.1 选线原则

1. 节约土地原则

公路建设规模往往很大，占用的土地相对较多，在设计和规划过程中应注意合理布设路网，避免重复设线，合理选用公路建设标准和技术指标，适当降低路基高度，减少两侧边坡占地及填挖方取土占地，对公路临时用地进行整治、恢复和利用。

2. 原有生态系统连续性原则

生态系统虽具有一定的自我维持功能，但其中任何一种成分或过程的破坏和变化，都将影响系统的稳定。因此，公路建设应尽可能保证原有生态系统的连续性，特别是要对一些自然保护区、湿地生态系统、野生动物保护区、水资源保护区采取相应的保护措施。

3. 路域生态系统稳定性原则

路域生态系统是一个典型的人工生态系统。该系统的稳定主要受人为因素的影响。要保证路域生态系统的稳定，首先要使路域生态系统与周边系统融合。环保设计中尽可能选用乡土物种并注意维护物种多样性。

4. 保护自然植被原则

生态系统中自然植被不仅是能量的第一固定者，而且可以调节系统内的环境要素。故需保护公路沿线的自然植被，以保证生态系统的稳定发展。

5. 生态景观恢复原则

公路建成以后，需要将被恶化的生态系统恢复到原来的自然平衡状态，将被破坏的自然景观恢复到最佳状态。而公路建设引起的环境变化，往往使其完全恢复不切实际。这时需要建立新的群落，达到新的生态平衡。为尽快达到这一目标，需要进行定向设计，特别是生态设计和景观设计。

6. 借景原则

要使公路景观设计生态化，就必须使公路与周围环境相协调并达到完美整合。应充分利用当地的风景资源，有效采用借景的表现手法，使自然景观成为路域富有吸引力的生态景观。

2.5.2 生态选线的程序和阶段

生态选线是近年来随着人们对生态环境生态保护意识的增强而逐渐形成的一种选线理念。即把生态环境作为一项控制指标，在工程设计开始即从主观上考虑生态环境生态保护问题，根据沿线不同的生态区域调整路线的布局位置，以便合理地布置公路路线，保护生态环境，使工程项目发挥整体效益。

生态选线的基本流程就是寻找环境代价较小的解决方案，并对方案进行比较的过程。这一过程也可以称作环境协调性研究（Environmental Compatibility Study，ECS）。环境协调性研究包括以下两个基本阶段。

（1）基于空间关系的环境敏感性调查与分析。该阶段的工作是进行环境生态保护的空间分析和评价，从而为公路选线找出对环境影响相对较小的路线走廊和环境敏感性较高的区域。作为 ECS 的一个关键阶段，环境敏感性调查必须包括所有与环境相关的问题，这些问题涉及区域保护价值、环境特殊敏感性区域和土地规划、利用情况。这部分工作可以借助地理信息系统完成。

（2）可行方案的比选。通过公路 CAD 软件，产生可行方案，然后在地理信息系统的支持下，对可行方案在环境方面的优缺点进行比较，同时也对公路的安全性、经济性、美观性等指标进行比选，最终确定一个可行方案。

以强调环保的山区高速公路设计为例，其选线的基本流程如图 2-22 所示。

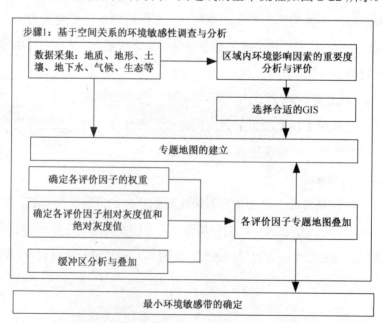

图 2-22　强调环保的山区高速公路选线基本流程

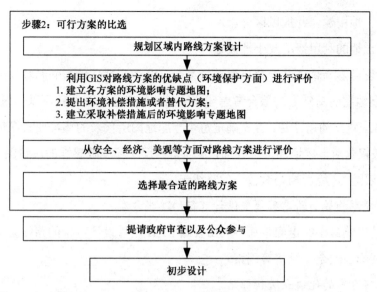

图 2-22 强调环保的山区高速公路选线基本流程（续图）

2.5.3 生态选线的基本步骤

考虑到公路设计的可操作性，上述设计流程可分五步执行。

1. 确定和划分研究区域

作为设计程序的第一步，所确定的研究区域必须满足界限清晰、经济而且满足方案研究和环境评价的要求。研究区域不应局限于规划路线的走廊带，还应包括拟建公路对环境影响的所有区域。总之，研究区域必须覆盖下列范围。

（1）规划路线所经过的走廊带，同时也必须包涵可能比选方案所经过的区域。

（2）路线走廊带周围可能影响环境的所有区域。

2. 根据专题地图，确定、描述和评价公路与环境的关系及影响模式

在进行环境协调性研究的过程中，必须收集详尽的规划公路相关信息并确定其对环境可能产生的影响。在研究过程中，不仅应考虑公路建设期对环境的影响，还应考虑运营期对环境所产生的长期影响。

在这个阶段，由于要确定、描述和评价研究区域内公路与环境的关系及影响模式，因此需要多学科领域的专家进行协作。地理信息系统可以将环境信息通过专题地图展示出来，为专家科学确定、描述和评价提供有效的平台。在建立专题地图时，必须考虑以下四个方面的因素。

（1）强调保护的理念，涵盖所有值得保护的区域和资源信息。

（2）调查环境的敏感性，并定量化。

（3）调查土地用途，并加以区分。

（4）现有土地的利用情况及土地规划。

3．按对环境的影响权重对专题地图进行叠加，以寻找对环境影响相对较小的路线走廊

在以上专题地图的基础上，综合考虑环境敏感性的专题地图，就可以利用 GIS 的空间分析功能建立起来。建立的途径是，首先确定每个专题地图所代表的环境要素在最终评价体系中的权重，然后按权重对专题地图进行叠加，从而得到反映环境敏感性的决策图。这样，设计人员就可以从中找出对环境影响相对较小的路线走廊。

4．在对环境影响最小的走廊带里设计可行的路线方案

找到对环境影响最小的走廊带后，利用公路 CAD 软件设计可行的路线方案，在设计过程中，还要考虑线形、安全、经济等因素。

5．对各路线方案的优缺点进行评估

环境协调性研究的最后一步是对可行的路线方案进行比选，最终确定与环境协调性最好的路线。在执行这一步的时候，必须考虑以下因素。

（1）评估和描述路线对邻近地区的影响，包括已存在的负面影响。

（2）评价对环境的破坏性影响。

（3）提出改善对环境负面影响的措施。

（4）评估对已存在的负面影响改善措施的效果。

通过以上五步，就可以确定对环境影响最小的路线方案，从而得到与环境最协调的线形。在设计过程中，还必须考虑一些其他的重要设计目标，如安全性、经济性和美观等，也必须作为方案选择的评估指标。

值得注意的是，在某些情况下，与环境最协调的方案，不一定是满足公路使用功能最好的方案，需要设计人员根据实际情况进行取舍和调整。

2.5.4　环境影响评价及最小环境敏感带的确定方法

上述强调环保的设计程序中，最重要的一步是评价公路对环境的影响，并确定最小环境敏感带。国外环境影响评价的方法，按性质分为定性评价、数学模型、系统模型和综合评价，多数采用综合评价。在综合评价方法中，分为图形叠置法、清单法、矩阵法、网络法和指数法。其中图形叠置法能够迅速、直观地反映出建设项目的影响范围以及影响的环境性质，但难以得到各环境影响因子的权重。本文采用的方法为层次分析法和图形叠置法，利用层次分析法确定环境影响因子的权重，利用图形叠置法确定最小环境敏感带，步骤如下所述。

（1）环境影响评价因子的选择。

1）环境影响因子的种类。公路对环境的影响主要包括对自然环境和社会环境的影响，其中在方案比选中应予以重视的目标可参考表 2-1 制定。

表 2-1   用于方案比选的环境影响评价因子和评价特征值

评价因子	评价特征值
土地使用	占用各种土地的面积总和（p_1）
房屋拆迁	拆迁建筑物的面积或费用（p_2）
生态资源	占用野生动物栖息地的面积（p_3）
	珍贵树种砍伐的棵数（p_4）
文化古迹	被影响的具有历史意义的文化古迹处数（p_5）
大气质量	不同比选方案之间的里程差百分比（p_6）
噪声与振动	受噪声与振动影响的居民数（p_7）
水资源	影响各类水资源的总面积，如改变河道、影响水质（p_8）
土壤与地质	经过矿区、有害废物存放区及灾害频发区的路线总长度（p_9）
植被	被影响的植被面积（p_{10}）

2）再分类。通过分类找出隐藏信息是地理信息系统的重要功能之一。与传统地图相比，地图上所载负的数据是经过专门分类和处理过的，而地理信息系统存储的数据则具有原始数据的性质，所以可以根据不同的需要对数据再进行分类和提取。由于这种分类是对原始数据进行的再次分类组织，因此称为再分类。

地理信息系统区别于其他信息系统的方面是其对空间信息的处理功能，根据地理信息的非空间属性，如材料、价值、使用性质等，进行再分类，这种纯粹基于非空间属性的分类，可以使用经典的数理统计方法，如主成分分析、层次分析、聚类分析、判别分析等。这种分类属于普通的分类，它不改变地物已有的属性值，而只是根据地物的属性，将它们划分到相应的类别中。

通过再分类工作可以综合多个图层的信息，是进行图层叠加的基础，如图 2-23 所示。

（2）利用层次分析法确定不同评价因子 p_i 的权重。

通过上述影响因子的选择和再分类，可以得到描述公路对环境影响的递阶层次结构，但每个评价因子的重要性不同，因此要首先确定它们的权重。

1）构造判断矩阵。层次分析法要求对每一层中的各个因素之间的相对重要性给出具体的数值，这些数值可以两两比较给出，并列出一个矩阵$(b_{ij})n \times n$。其中 b_{ij} 表示对上层因素而言，p_i 因素对 p_j 因素的相对重要性，可以通过向有经验的专家进行调查两两比较判断得到。

2）判断矩阵权重值和一致性检验。判断矩阵权重值和一致性检验计算框图如图 2-24 所示。

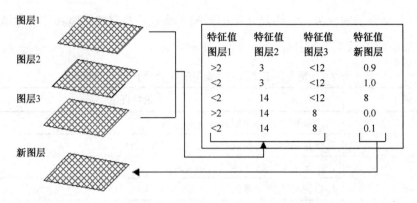

图 2-23　多个属性的再分类

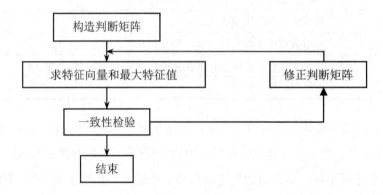

图 2-24　判断矩阵权重值和一致性检验计算框图

（3）根据各评价因子的权重进行图层叠加，从而确定最小环境敏感区。图 2-25 为坡度和土地使用根据权重的叠加示例。

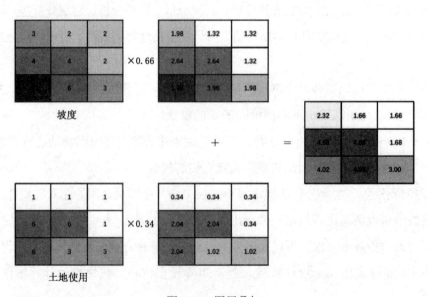

图 2-25　图层叠加

2.5.5 基于 GIS 和 CAD 的设计程序

对公路环境影响的综合评价是将公路对环境影响的区域和环境现状图叠加,从而确定各个公路方案对环境的影响。公路环境影响分析和评价中的绝大多数信息都与地理位置相关,充分利用 GIS 的叠置分析、缓冲区分析等空间分析功能和处理属性数据的功能,叠置时不仅叠置图形,而且叠置与图形相关的属性数据。因此,在 GIS 环境下利用图形叠置法,可以进行更深层次分级评价、分层次评价和大范围复杂环境的评价。

在确定了最小环境敏感区后,CAD 系统以其丰富的交互设计手段、强大的设计模型可以迅速地确定路线的具体位置,因此结合 CAD 技术和 GIS 的特点,本文提出基于 GIS 和 CAD 的设计程序,如图 2-26 所示。

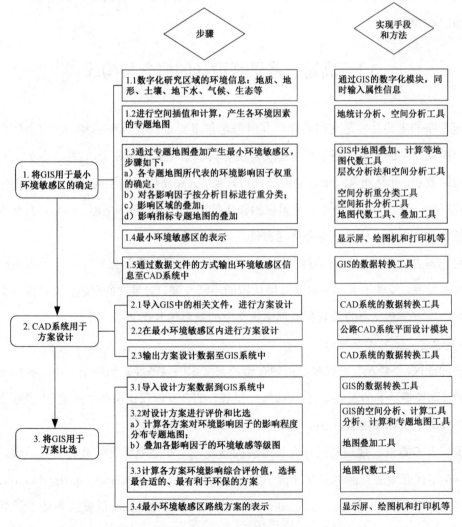

图 2-26 利用 GIS 和 CAD 进行环境选线的步骤

第 3 章　高速公路景观设计原理与方法

高等级公路景观设计应从人的角度出发进行设计，这是以人为本的体现。高速公路景观设计是一项跨学科、跨门类的工程，其涵盖的知识涉及自然科学和社会科学，涉及的学科包括哲学、美学、社会学、心理学、行为学、地理学、生态学，还包括交通工程学、土木工程学、汽车理论、风景规划、道路设计、建筑设计等，这些学科的相关内容是进行公路景观设计所必备的背景知识。本书从视觉原理、美学原理入手，从视觉和美学的视角，详细探讨高速公路景观设计的原理和方法。

3.1　高速公路景观设计的概念与构成

高速公路的主要功能是交通功能，其服务对象主要是驾驶员和乘客。司乘人员在汽车高速运动中所观察到的高速公路景观与建筑景观等其他景观的区别在于，它是一个加上时间维度的动态四维景观，并且随着汽车运动造成视点转换，公路路域内的不同景观单元被连接成了连续的景观序列，使人的视觉产生一种累积的强化效果，形成景观印象流。因而，有必要从景观设计的基本概念出发，研究高速公路动态景观设计理论。

景观一词含义广泛，不同学科和领域对其概念和内涵的理解差异较大。景观的概念及对景观研究的发展，反映了人类对自然环境认识的不断发展。对景观的理解，主要分为美学意义上的景观、生态学意义上的景观和地理学意义上的景观等几类。

1. 美学意义上的景观概念

在欧洲地区，"景观"一词最早出现在希伯来文本的《圣经》旧约全书中，被用来描写梭罗门皇城（耶路撒冷）的瑰丽景色。这时，"景观"的含义同汉语中的"风景""景致""景色"相一致，等同于英语中的 scenery，都是视觉美学意义上的概念。

目前，大多数景观规划与设计人员理解的景观，主要是视觉美学意义上的景观。美国从 20 世纪 60 年代开始进行的"景观评价"（landscape assessment，landscape evaluation）研究，也主要是对景观视觉质量（visual quality）的评价。景观的视觉质量被认为是"景观美"的同意词，Daniel 等人将其称为风景美（scenic beauty）。美国土地管理局则将其等同于风景质量（scenic quality），并定义为"基于视知觉的景观的相对价值"。

在主观方面，景观评价表现为人们对景观价值（landscape value）的认识。Jacques 认为景观的价值表现在"景观所给予个人的美学意义上的主观满足"。景观有自然景观和人文景观；从时间上分则有历史的和现代的。悦目的景色是一个总体视觉概念，强调整体性和综合性，要求美、和谐与协调。视觉影响评价中使用的景观概念体现在更加重视人的感觉与客观实体存在，并且是从文化与美学的角度来理解的。

2. 生态学意义上的景观概念

自 20 世纪 30 年代德国生物地理学家 Troll 提出景观生态一词以来，景观的概念被引入生态学并形成景观生态学。Troll 不仅把景观看作人类生活环境视觉所触及的空间总体，更强调景观作为地域综合体的整体性，并将地圈、生物圈和智慧圈看作这个整体的有机组成部分。而景观生态学也因此把地理学研究自然现象空间关系的"横向"方法同生态学研究生态系统内部功能关系的"纵向"方法相结合，研究景观整体的结构、功能和变化。

生态学中使用景观概念有两种方式：一种是直觉的，认为景观是基于人类尺度上的一个具体区域，具有数千米尺度的生态系统综合体，包括森林、田野、灌丛、村落等可视要素；另一种是抽象的，代表任意尺度上的空间异质性，即景观是一个对任何生态系统进行空间研究的生态学标尺。

3. 地理学意义上的景观概念

无论是在中国或是在欧洲，最初的大规模旅行和探险推动了地理学的发展，也加深了人们对景观的认识（当然，景观一词在汉语中直到近代才出现，山水、风景一直被沿用）。人们已不满足于对自然地形、地物的观赏和对其美的再现（文学、艺术活动），而是开始更多地从科学的角度去分析它们在空间上的分布和时间上的演化。特别是 14—16 世纪大规模的全球性旅行和探险，使欧洲人对"景观"这一概念的理解发生了深刻的变化。这时德语的"景观"（landschaft）已用来描述环境中视觉空间的所有实体，而且不局限于美学意义。19 世纪初，伟大的地植物学家和自然地理学家洪堡得（Huinboldt）将"景观"作为一个科学的术语引用到地理学中，并将其定义为"某个地球区域内的总体特征"。

随着西方经典地理学、地质学及其他地球科学的产生，"景观"一度被看作地形地貌（landform）的同义语，主要用来描述地壳的地质、地理和地貌属性。之后，俄国地理学家又进一步发展了这一概念，赋之以更为广泛的内容，把生物和非生物的现象都作为景观的组成部分，并把研究生物和非生物这一景观整体的科学称为"景观地理学"（landscape geography）。这种整体景观思想为以后系统景观思想的发展打下了基础。

景观一词被引入地学研究后，已不单只具有视觉美学方面的含义，而是具有地表可见景象的综合与某个限定性区域的双重含义。早期西方经典的地理学著作中，景观主要用来描述地质地貌属性，常等同于地形（landform）的概念。俄国地理学家的贡献在于把生物和非生物的现象都作为景观的组成部分，这也为地理学与生态学的融合、交叉打下了基础。《中国大百科全书 地理学卷》（1990）概括了地理学中对景观的几种理解：①某一区域的综合特征，包括自然、经济、文化诸方面；②一般自然综合体；③区域单位，相当于综合自然区划等级系统中最小的一级自然区；④任何区域单位。

4. 景观的一般定义

景观作为一个系统，具有多层次的、复杂的结构（地学的主要研究方向）。同时，景观系统又具有多种功能，这主要表现在两个方面：其一是景观作为生态系统的能流和物质循环的载体，与社会物质文化系统紧密相关，是景观生态学研究的主要方向；景观系统的另一功能，也是最易被忽视的一个方面，是它作为社会精神文化系统的信源而存在，人类不断地从中获得各种信息（如美感信息），再经过人类智力的加工而形成丰富的社会精神文化，这正是高速公路景观规划与设计所要研究的主要内容之一。

因而景观可定义为：景观是指由地貌和各种干扰作用，特别是人为作用而形成的，具有特定的结构功能和动态特征的宏观系统。在认识上，人们通过视觉、感觉（知觉）对景观产生印象及生理和心理反应，其形成的综合效应是"舒适性"。

不同的建设（建筑）类型对景观的要求或研究有所侧重，公路景观侧重人们在道路上以一定速度运动时，视野中的道路及视线所及的空间四维景象。公路附着于大地表面，属于非自然环境，是具有供汽车行驶功能的人工构造物，因此，公路景观与单纯的造型艺术和观赏景观等存在显著区别。公路要具有车辆通行功能，公路景观在具有自身形态性能、组织结构的同时，又包含一定的社会、文化、地域、民俗等涵义。

公路景观是道路使用者的视觉所能看到的各种自然景观与公路、交通要素的综合体，是公路三维空间加上时间和人的视觉、心理感受等形成的综合环境效应，即道路使用者在乘坐交通工具运动过程中对公路及公路环境的印象。

公路景观以所在区域的自然环境为背景，既包括公路本身形成的景观，也包括沿线的自然景观和人文景观等，集自然属性和社会属性、功能性和观赏性、适用性和艺术性于一体，是公路所在区域内各种性质、各种类别、各种形式的景观集合体。

公路景观不同于园林或市政公路景观，对其的审美方式具有动态特质。它是一个加上时间维度的动态四维空间景观，不是区域内景观的简单叠加，而是具备序列性和韵律感。车辆行驶得越快，景观对象越倾向于路外自然风貌和附属构造物的整体形态、平衡感和连续性，细微处不可能成为对象。公路景观不但表现了构成景观环境的各个要素所具有的特点，而且也体现了景观要素之间相互衬托、相互影响的空间氛围。

车辆在公路上的行驶方向使得公路景观也具有典型的单向序列性，即便是同一条公路，上、下行不同方向上所获得的景观印象也截然不同。当然，在公路沿线合理利用优质景观资源，适当布置休息服务区、观景区等静态视点场，不仅有利于缓解游客因长时间高速景观体验所造成的视觉疲乏，也有助于丰富整体的景观印象，做到动静结合。

公路景观设计通过艺术的手段和工程技术为人们的交通需求创造合理的道路环境空间。景观设计不是纯欣赏的艺术，它始终与人的使用联系在一起，并与工程技术密切相关，是功能、艺术与技术的统一体。

景观设计是环境设计学科的分支，与工程设计密不可分，虽然在有些方面极为相似，如两者都具有实用和审美功能，但仍存在很大的差异：在工程设计中工程实体本身和内部空间是主体，环境是载体，而在景观设计中，外部环境是主体，工程实体只是其中一个组成要素。因此景观设计主要研究的是工程实体以外的自然环境、人工环境和社会环境。

有学者将景观设计的内涵归结为景观规划设计三元素：景观环境形象、环境生态绿化和大众行为心理。基于景观规划设计三元素，公路景观设计应包括：公路主体工程（路基、桥隧等结构物及附属设施）的景观环境形象设计、公路路域环境生态绿化设计和公路使用者的行为心理设计。这超越了传统的公路工程设计范畴，属于总体设计内容，类似于建筑业的建筑学设计，贯穿于公路规划、设计、施工等多个环节。

3.2　高速公路景观认知理论

公路景观的认知是一种审美行为，决定了公路景观的研究应以公路的使用者为核心，从人对景观认知的角度考察人的认知心理与公路景观的关系。研究公路景观认知规律，可以科学把握公路使用者的认知心理，对于合理规划与设计公路景观具有重要意义。

一般地，公路景观的认知可分为 3 个层面：形式层面、意象层面和意义层面。这 3 个层面是相互渗透、相互结合，共处于环境的整体之中；但它们却以不同的层次进入人的认知世界，在环境设计时应给予全面考虑，如图 3-1 所示。

1. 形式层面

形式层面，指人可以通过直觉体验到的环境所具有的外显体态、形状、尺度、色彩、肌理、位量、方位和表情。

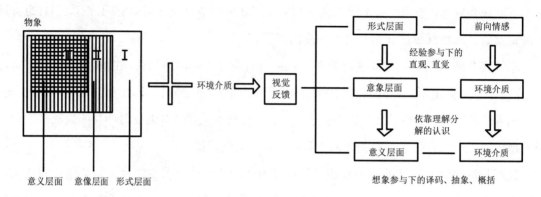

图 3-1　人的认知结构

形式层面比较直观，无须经过理性的思考就可一目了然。它可以直接地形成刺激与反应，虽然它所反映的是环境表面属性，但却是深层认知必经的门户和先导。对环境的气氛、情调、性格和欣赏动力发动均有最明显的暂时心理效应，特别在情绪的反应中有特殊的唤醒作用。不同的造型可以产生不同程度的心理反应，见表 3-1。

表 3-1　形式心理与造型特征

形式心理	造型特征
紧张感	不稳定的形状；杂乱或不合逻辑的复杂形式；炫目的光线刺激；刺耳的噪声；色彩混乱；视觉上不平衡的线或点
轻松感	适度且熟悉的事物；建材构成空间大小；流畅的曲线与稳定感强的空间；舒适的温度；质地调和；光线柔和；声音优雅；色彩沉静（白色、灰色、蓝色、绿色）
恐惧、被拘禁感	带有压迫感的负重；明显的陷阱；缺少定向点从而无法判断位置与比例；隐秘的地区与空间；存在让人惊骇的倾斜面、扭曲面、残缺面；不稳定的形状；光滑的平面；高而险且无保护措施的裂缝；易使人激动或有暗示作用的炫目光线
欢乐、愉快	柔和或情绪活泼的色彩；易于接受的光亮及悦耳之声；强烈的原色（深红色、鲜红色、橘黄色）
感受到爱	隐秘且不易注意到的方位；较低的水平面；流水般顺畅的曲线；光滑曲线过渡的图形、棱角；柔和的（如玫瑰色、金色）的光线，配以音乐
崇高、敬畏	尺度宏伟，体型高低比例合理，秩序对称；昂贵的材料和带有纯白色或蓝绿色、绿色、青紫色等投光的配乐
烦燥	地方与空间非想象情况；存在障碍；令人不适的摩擦；不适感；令人反感的材料质地；用材不当；不协调的音响；难忍的温度或湿度
雄奇	强烈的动感和力度体现，节奏舒缓；和谐中对立因素占据优势，趋于对等平衡
粗犷	强力度，强烈的运动感，稀疏节奏；对立因素占优势，呈均势平衡
深朴	中度动感，力度趋于中强，节奏舒缓；和谐中对立因素占据优势，趋于对等平衡
秀雅	动感缓慢，力度较弱，节奏舒缓，和谐

续表

形式心理	造型特征
精致	强力度，动感缓慢，节奏密集；和谐中统一因素占优势，呈对等平衡
华丽	由跳跃的动感因素和强力度来体现，韵律变化是一种细密的节奏；结构中统一因素胜过对立因素，组织秩序趋于对等平衡

应当着重指出，公路景观的形式层面虽然可以引起一系列心理效应，但它在人的认知、记忆、意象储存中维系的时间比较短暂，激动得快，平复和消逝得也快，故稳定的、长期的效应较差。所以，在环境设计中不应仅止于此，而应向更深层次发展。

2. 意象层面

意象层面是形式层面所包容和涵纳的结构要素，是通过空间的结构框架、功能使用和具有典型特征的景观符号表现出来的内涵。它可以表述环境的性质、用途、场所特征、与人的相关性以及视觉上的可识别性、可记忆性、可理解性等内容。与形式层面相比，它要经过理性的辨认才能引起知觉反应，而且是偏于功利性和具体涵义方面的内容反应。

意象层面已经涉及内容与形式的统一和神形兼备等问题。"象"可以理解成形式、外形；"意"则是指反映、构思、建构。"意象"是指人们在头脑中所形成的外界反应，在心理学的术语中把意象看作过去的体验留存在大脑中的记忆贮存，一旦经过现实的刺激立即在头脑中浮现出来的心理图像。

欲加强环境的意象刺激，要从环境的形态、结构和涵义三个方面所具有的典型性、异质性、需求耦合性、易理解性等方面来考虑。从公路环境创作的角度来看，公路景观规划设计者在日常生活中要加强生活体验，注意意象积累，力争做到意在笔先，使自己的构思框架和创作冲动能以生活为源泉，赋予环境以生命的活力。

3. 意义层面

环境的意义，是一种隐藏在形象结构中的内在义化涵义，是一种非功利性的精神反应。它一方面是靠环境的创造者，在创作环境中将历史、文化、生活和具有象征性的人文要素注入其中，赋予环境一定的社会属性，使环境含有一定的意义，并对观赏者和使用者施加刺激和影响；另一方面则依靠观赏者和使用者根据自己的文化素养、审美意识、当时的心境，以及环境的中介启迪而对环境产生一定的意义上的理解。

作为意义，无论是对于创作者还是观赏者，都是以一定的文化内涵为参照构架来加以理解和运用的。涵义深邃的环境，与人产生深层次的情感沟通，使人获得永久性的印记和使环境具有经久不衰的艺术魅力。对环境注入一定的文化内涵，可以获得比普通的环境高出数倍的社会效益。

3.3　高速公路景观设计原理

3.3.1　高速公路景观视觉印象

景观印象得以形成的条件应取决于审美主体所在视点的状态、审美主体的所见及其所见在头脑中形成的印象。而视觉印象的好坏主要取决于视点场能否让审美主体容易有所见、视线方向上是否存在障碍、所见的大小在尺度上是否合适，以及所见是否带来安心和舒适的心理感知。

1. 视点的重要性

景观是人眼对视点处的所见在头脑中形成的综合的视觉印象，没有视点，景观也就不成立，在对于景观的认知中这一点非常重要。公路和公路景观完全不同，桥梁和桥梁景观也完全不同。景观是由视点开始的，因此视对象本身不是景观。公路和公路景观之所以完全不同，是因为公路景观必须要有视点，而公路本身则不需要视点。在考虑景观问题时，应主要考虑从何处可见，即视点的设置等问题。

景观整备的本质并不是对视对象本身的整理，例如整理街道只能叫街道整备，而不是街道的景观整备。景观整备的核心应是视点的创立，因为没有视点就没有景观，为了让审美主体更好地理解景物，应考虑在什么样的视点处会有"好"的所见，这便是从视点角度考虑的景观整备，是景观整备的基础。

对于相同的视对象，由于视点位置的差异会导致所见的景观有极大差别。视点位置的变化改变了审美主体对于完全相同景物的景观所见，审美主体对其景观的评价也大相径庭。由于视点位置的变化，审视相同的景物甚至可以得到 100 分对 0 分这样绝对不同的评价结果，说明视点在景观整备中占据非常重要的地位。视点变化，景观也随之变化，因为景观即视点处的所见，这对于景观的差异极为重要，可以依此区分"好"的视点和"不好"的视点。

2. 视点场与视屏障

首先需要区分视点和视点场的概念。视点是位置的概念，是观赏景观的地点，对应于景观规划而言是从哪个位置观赏会有更好效果的概念。而视点场是描述视点处状况的概念，对应于景观设计，是对视点所在位置的环境状况的描述。它包含设计阶段补充的景观要素和视屏障等。由于视点场的状况不同，同样一视对象可导致截然不同的景观效果，如图 3-2 所示。

图 3-2　同一视对象在不同视点场中的景观

图 3-3 所示视对象为路侧一望无垠的田园，在图片左侧中：①表示路侧绿化在审美主体的视轴线方向构成视屏障，丧失了观察右侧景观的机会；②表示路侧绿植较为稀疏，不构成视屏障，虽然仍然观察不到右侧景观，但是在视觉效果上比①要有所改善；③表示对于不在视线所及的范围，视屏障可以不予考虑。

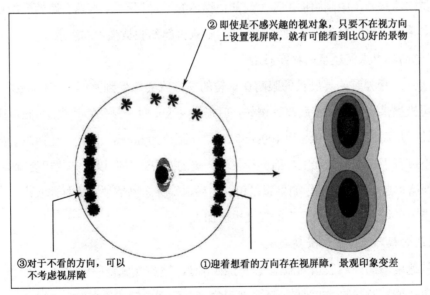

图 3-3　视点场、视方向与视屏障

　　所谓视屏障，是视点场内不同视方向上存在的障碍。这样的障碍存在于视点所在的场所，如公路路侧高密度的绿化栽植，在某种意义上讲便是视屏障。好的视点场应是视方向上不存在视屏障，视方向上存在视屏障会使得审美主体因无法良好地感知视对象而获得较差的景观印象。

　　所以，视点场整备的核心便是视方向上视屏障的处置。对于眺望特性较好或者其对应的视对象品质良好的视点场，在设计中应尽量去除视方向上的所有视屏障，使得视对象更加容易被看到，让它完完全全呈现在审美主体的眼前；对于个别不宜眺望或者其对应的视对象品质不好的视点场，则应通过景观要素的选择适当设置视屏障，将不好的视对象屏蔽在审美主体的视域之外。

3.3.2 驾驶员动视觉规律

人在静止时和以一定速度运动时的视觉特性有较大差异，从高速行驶的车辆中获得的视觉感受与在静止时获得的视觉印象大不相同。运动中的视觉特性同静止时视觉特性的明显差别，形成了司乘人员独有的动态视觉心理特征，这是进行公路景观研究的一个重要理论依据。

根据 J.R.Hamilton 和 L.L.Thurstone 的研究，驾驶员在高速行车时，具有以下动视觉规律。

1. 人的注意力的集中程度随运行速度的提高而提高

一个随意站立着的人注意力是不集中的，随着其运动速度的增加，其注意力的集中程度也会相应增加。而对于驾驶员而言，过于注意不相关的物体会有危险，公路景观的设计应有助于将驾驶员的注意力集中到路面上而少受其他物体的干扰。因此，高速公路两旁的要素必须是静态的，其主要形象应是为视觉轴线服务的，不应引起驾驶员强烈的注意。

2. 视觉的集中点随速度的提高而退远

在高速路上行驶时，驾驶员的眼睛在车轮的前方就会感受到路面的变化，这可以在紧急情况下为司机提供足够的预警距离。例如，时速为 40km 时，预警距离为 220m，这一距离会随着速度的增加而增加，当时速为 100km 时，这一距离为 600m。因此，任何想引起司机注意的物体，不应置于视觉的轴线上，而必须位于一定的距离之外，以使其从远处就能被注意到。对于标志而言，当车速增加后，如果想以相同距离识别标志则需要加大标志尺度；对于交通环境而言，当车速增大时，景观元素的尺度也应加大。

3. 周围的视野随速度的提高而减小

当行驶速度增加，驾驶员的眼睛专注于细节时，他的视域范围会收缩。因此，高速公路两旁的要素必须是静态的、灰暗的，其主要形象应是为视觉轴线服务的，这样当车一闪而过时才不会引起驾驶员强烈的注意。

4. 前景的细节随速度的提高而逐渐消失

驾驶员只有在慢速行驶的情况下才能观察到公路两旁的景物，车速越大，驾驶员和乘客不容易注意到的范围就越大，当景物相对运动很快时，景象连续而且不清楚。根据相关研究，至少需要 5s 的注视时间人们才能获得景物的清晰印象，也就是说从开始注视到看清楚必须有一定时间。因此，过多的细节对司机是毫无意义的，这决定了中央分隔带防眩植物、边界、轮廓、防护植被等要素的尺度需结合人的运动视觉特征考虑。

5. 空间感知随速度提高而减弱

空间和运动须借助于记忆、物体大小与位置的相对变化等才能被直接感知。距离较远时，这些变化很微弱，以至于无法辨别一辆小汽车是正在驶来还是驶去，只能借助它在车道位置的变化间接进行判断。而习惯了在高速公路行驶之后，司机常常会对自己的速度失去判断。因此，高速公路给司机提供的判断其速度的线索越少，司机越容易失去对空间和运动变化的感知。公路景观中的中央分隔带、标志牌、护栏等均可作为司机判断其速度的辅助设施。

3.3.3 动视觉原理

1. 动视觉要素

（1）反应时间。人的感觉器官将获得的信息传入大脑，经大脑处理后发出命令，获得影像信息的时间称为反应时间。它包括神经对刺激的传递时间和大脑的处理时间。不同的感官（例如听觉、视觉或触觉等）和不同的刺激会有不同的反应时间，反应时间与外界的刺激性质有关。

与公路景观直接相关的是视觉反应时间。视觉反应时间与年龄、疲劳程度、外界干扰等多种因素有关。人随着年龄的增长，反应时间显著增加，年轻人反应敏捷，老年人反应迟钝。外界其他因素的干扰也会影响反应时间，例如行车过程中使用手机的驾驶员反应速度就类似老年人，注意力的分散很容易造成事故。对于不同的色彩，人的反应时间也是不同的，如辨别两种对比鲜明的色彩时反应时间短，而在辨别两种相似的色彩时反应时间长。在实体工程的公路景观设计工作中，尤其是在植被的季相搭配和交通标识的设计中，应根据不同色彩对比的反应时间，调控色彩设计中的颜色调配。

（2）动视力。视力，也称视觉敏锐度，是指人眼能分辨出两个相邻的发光点即分辨物体精细形状的能力。

通常人眼的视力是在静止状态下来测定的。在静止状态和一定的光线照明条件下，用分辨 5m 以外的视标的能力来衡量眼睛视力的高低。视力是衡量驾驶员视觉优劣的一个重要指标。良好的视力可以较早地辨别和确认目标，进而保证驾驶员有足够的时间进行反应、动作，从而减少交通事故，使驾驶员安全高效地驾驶。我国规定驾驶员眼睛的静态视力必须达到 0.7 以上。人眼的静态视力只在注视点附近最高，人的视觉最敏感区域集中在注视点附近非常狭窄的范围，偏离这个范围，眼睛的视力迅速下降。

在车辆行驶状态下，驾驶员观察物体的视力称为动视力。驾驶员动视力与在静止状态下的静视力是完全不同的，动视力与运动速度、环境的光照度以及驾驶员的年龄等因素有关。

车速越高，则物体的相对移动速度也越快，因而眼睛的转动角速度也相应加快。通常以眼睛转动的角速度来表示动视力。与动视力与相关的因素为：行驶速度增加（眼睛转动的角速度也相应增加），动视力降低；对于同一速度，光照度增加，动视力提高；驾驶员的年龄越大，动视力越低。根据运动视觉心理学的分析，动视力比静视力低 10%～20%，特殊情况下低 30%～40%。其下降原因如下：

- 行驶时，车辆有一定程度的颠簸，人眼受震，导致辨认距离下降；
- 快速行驶时，人眼的调节能力下降导致动视力下降；
- 运动速度增加时，眼球从一个注视点移到另一个注视点，两个注视点的间距随速度的增加而增加，间距中的物体处于周边视觉范围内，成像模糊，从而造成动视力下降。车速增加，人的生理、心理负荷增加，接受能力下降，从而导致动视力下降。

人们视力的辨认距离与车辆的运行速度也有很大的关系。车速较低时辨认距离较远，车速增加时清晰辨认物体的距离则缩短。同时，速度增大则车前距也增大，也就是驾驶员对自己前面不容易注意到的距离越大，例如车速为 64km/h 时，车前距为 24m 以上；车速为 90km/h 时，车前距为 33m 以上。在上述车速情况下，距离物体的距离若小于上述相应的数值，则不易看清物体。

（3）视野。视线固定时，眼睛所看到的范围称为视野，驾驶人员的头部和眼球固定时的视野范围为静视野，人的静止视野范围随着周围环境的不同而有所不同的。若仅将头部固定，眼球自由转动时能看到的范围称为动视野。在某一时刻，驾驶员注意力的集中点称为注视点，注视点距汽车当前位置的距离称为注视距离。动视野比静视野左右方向约宽 15°，上方约宽 10°，下方宽度相同。

如果驾驶员的双眼视野过小，则不利于行车安全。在运动过程中，路面在驾驶员视野中所占的比例大小也随车速变化而变化。在车速较低的公路上，如以 20km/h 的速度行驶时，路面在驾驶员的视野中所占的比例是 8% 左右，以 40km/h 的速度行驶时，路面在驾驶员的视野中所占的比例增到 20%，以 96km/h 的速度行驶时，路面在驾驶员的视野中所占的比例约为 50%，如图 3-4 和图 3-5 所示。

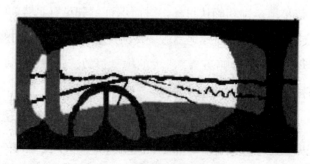

图 3-4　车速较低时的视野

图 3-5　车速较高时的视野

2. 视方向状态

（1）视角。

1）适宜的视角。"好的景观"是审美主体想观赏的景物不被其他物体所妨碍，而且大小适中。视对象的尺度大小可以用绝对大小来衡量，也可以根据视角的相对大小来衡量。视对象映入人眼的角度称为视角，是人眼所见对象大小的量度和基准。视对象的体量是指其绝对大小的物理量，但其映入人眼的视角会因视点的远近而有所区别。视角是景观体验中一个相当重要的概念。视对象的物理尺度通常用米来度量，而在景观印象的形成中则不同，视角是用角度来度量的。

有日本专家研究表明，视对象映入眼帘的适度大小的下限大致为 10°～12° 的视角，同样的视点，当视角小于 10° 时物体将很难辨别；适度大小的视角范围为 20°～24°。对于景观观赏而言，人眼适宜的视角范围大约是 10°～20°，超过这个角度范围时审美主体将很难对视对象的整体形态进行良好的感知。

2）人眼可视范围。在水平方向，保持头部和眼球不动的情况下手臂慢慢地向左移动，移动到一定位置后我们就看不到拳头了，这个位置就是"看到"与"看不到"的界限；同样向右移动手臂也有一个"看到"与"看不到"的界限。上述范围就是人眼在保持头部和眼球不动条件下的水平方向的可视范围，这个范围约为 80°，超过这个范围或者视对象的体量超过这个界限时人们感知视对象则较为困难。

超过上述的视角范围人们就难有所见，也就不可能理解想看到的景物，因为此时已经不能看到景物的全貌。适宜的视角（10°～20°）是人眼水平方向可视范围的 1/8～1/4，人眼还可以看到在适宜的视角以外的许多其他东西，但这个"适宜的视角"是看得最清楚的范围，是人们的意识最容易集中的范围。

在竖直方向，保持头部和眼球不动的情况下手臂慢慢地向上移动，到一定位置就看不到拳头了，这个位置就是"看到"与"看不到"的界限；同样向下移动手臂也有一个"看到"与"看不到"的界限。上述范围就是人眼在保持头部和眼球不动条件下的竖直方向的可视范围，这个范围大约是 60°。

（2）视轴线障碍。视屏障指视点场内不同视方向上存在的障碍，这样的障碍存在于视点所在的场所，如路侧高密度的绿化栽植通常会构成视屏障。而视轴线障碍则存在于视点场之外，它是视点与视对象之间的障碍，构成视轴线障碍的一般是农田、厂房、村落和森林之类，只有通过变更土地利用规划才能加以控制。视屏障存在于视点场，可以在景观设计中予以清除；而视轴线障碍存在于视点场之外的整个视域内，无法通过设计去除，只能在规划中避免。

审美主体的视线不被其他物体所阻碍的情况称为视轴线无障碍状态，被其他物体阻碍则称为视轴线阻碍或者视轴线发生阻碍。在分析审美主体的景观体验中，视轴线的概念很重要，尽管并不存在这样一条实体的线，但在人眼和物体之间可以假设视轴线存在，视轴线是景观规划的有力工具。需要注意的是，不仅是存在于视轴线上的物体，因为人眼具备一定的可视范围，视轴线周边视角范围内的其他物体也同样阻碍视轴线。根据视轴线障碍对审美品质影响程度的高低以及其存在的位置区分为：可视区域外、介于可视区域和重影响区之间、重影响区之内和存在于视轴线上的四种视轴线障碍类型。视轴线障碍示意如图 3-6 所示。

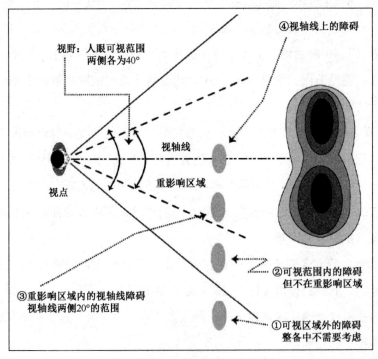

图 3-6　视轴线障碍

（3）视域。考虑审美主体实际能见到的范围在景观规划中非常重要，这可用视域来描述。视域是审美主体在某一视点处其视轴线发生障碍前的视觉范围。视域越开阔，审美主体对外界的感知就越彻底，从而也可获得更愉悦的心理反应。

从视域的角度考虑，公路和街道的景观区别不仅仅在于其属性的不同。图 3-7 所示为公路与街道上审美主体的视域区别。公路的视域非常开阔，在视域范围内有山林、农田、村落和其他各种各样的景物，区域内许多土地利用问题会被涉及，土地的所有者也为数众多，因此，视域内的景观控制难度很大。而街道则不同，街道上审美主体的视域或者说可以看到的范围就是街道本身，视域的边角是建筑物的外立面。所以街道的景观就是由街道和相邻建筑物外立面共同组成的景观，其景观主体是街道本身，这使得街道景观比公路景观更加容易控制。

（a）公路　　　　　　　　　　　　　　（b）街道

图 3-7　公路与街道视域的区别

（4）适应与眩光。人们从明亮环境到黑暗环境或从黑暗环境到明亮环境都有一个适应过程，这种对光线强弱变化的适应能力称为"适应"。从暗处突然到亮处称为明适应；从亮处突然到暗处称为暗适应。明适应时间较短，只需几秒到 1 分钟；而暗适应时间较长，一般需 15 分钟，有时甚至要半个小时后才能完全适应。故道路景观设计要考虑明暗适应，以使眼睛能适应光线的变化。

夜间眼睛受到强光照射而造成视力下降称为眩光。研究表明，驾驶汽车时，眩光在 20 分钟内会导致驾驶员差错明显增加。在道路景观设计中，要考虑防眩植物的选择与搭配，避免或减少眩光对人视觉的干扰。

3. 驾驶员的动视觉特点

驾驶员行车时，其视觉的特点如下所述。

（1）当车速增加时，驾驶员注意力集中和心理紧张的程度也随之增加。车速越快，驾驶员越要注意道路前方，且此时驾驶员不容易正确感觉车外情况的飞速变化。据研究，一般情况下，人需要约 0.4s 的时间使眼睛聚集在能够看得见的目标上，而辨认目标则需 1s，如果车速过快，则驾驶员会来不及发现目标及清晰对其进行辨认。

（2）当车速增加时，驾驶员的注意力会集中在较远的地方，即注意焦点被引向远方。车速越快，眼前的景物飞逝得也越快。由于心理原因，驾驶员会将注意力集中在远方，以便清晰辨认景物。人的视觉反应时间一般为 0.15～2s，而人眼能分析画面，并得出一个有意义知觉的时间一般为 1.5～2s。因而车前可视距离可用下式计算：

$$Dv = v \cdot t \tag{3-1}$$

取时间 $t = 1.5s$ 代入上式，并将速度单位进行转换，得到：

$$Dv = 0.417V \tag{3-2}$$

式（3-1）与式（3-2）中，Dv 为车前可视距离，单位为 m；v 为车速，单位为 m/s；V 为车速，单位为 km/h。

通过研究，密尔顿（Hamilton）和瑟斯顿（Thurstone）得出车速与视觉焦点（注意焦点）的关系，见表 3-2。

表 3-2   运行车速与视觉焦点的关系

车速/（km/h）	视觉焦点/m
40	180
72	370
96	610

（3）当车速增加时，驾驶员的空间分辨能力会降低。车速较高时，驾驶员的视力会有下降趋势；而车速越高，车外景物和汽车的相对速度也越高，此时驾驶员看到某固定景物的持续时间就越短，景物在人的视野内的作用时间也越短，而人的视觉反应需要一定的时间，若持续时间过短，则驾驶员根本无法在极短的时间（一般低于 0.15s）内发现和识别物体。

（4）当车速增加时，驾驶员的视力范围缩小，视野所包围的角度随着车速的增加而相应地缩小。车速与视野水平角的关系见表 3-3。

表 3-3   车速与视野水平角的关系

车速/（km/h）	视野水平角/（°）
40	100
72	65
96	40

这一现象意味着对于驾驶员来说，视力活动主要发生在道路的轴线上，且行驶中驾驶员对车速感觉迟钝。因此在进行几何设计中，长直线路段视野中的景观应多样化，避免单调感。

（5）车速增加时，驾驶员对前景细节的视觉开始变得模糊。车速越大，物体飞逝得越快，相应地也就变得越模糊，驾驶员必须向更远处看才能获得清晰景象。有关研究表明，当车速为

96km/h 时，车辆前方 33～430m 的这一段距离和视角 40°所决定的范围内，才是完全令人满意的视力范围。

（6）当车速增加时，人的感觉开始变得比较迟钝，注意力和警惕性均有所削弱，驾驶员主要靠映入眼中物体的明显尺寸变化和这些物体与驾驶员的相对位置关系来对车速进行判断。产生这种情况有两个原因：一是由于注意力集中在远离车辆的前方，感觉不到车在飞速前进；二是由于附近的车辆均以同样的速度行驶，驾驶员感觉不到车速的变化。因此在这种路段应设置完善的道路警示设施，并增设用于判断速度的参照物。

4. 动态中的景观敏感度

景观敏感度是景观引起人们注意力难易程度的量度。相对于静态景观而言，车辆行驶过程中，公路景观的动态敏感度在很大程度上将会被弱化，因此，欲使道路景观对行驶中的司乘人员起到与静态相同的视觉效果，就必须通过专门设计来弥补车速对动态景观敏感度的弱化影响。

动态中景观敏感度（S）的大小和车速（V）、司乘人员前方视野中能清晰辨认景物的最大距离（D_{max}）、司乘人员前方视野中能清晰辨认景物的最小尺度（H_{min}）、司乘人员路侧视野中能清晰辨认景物的最小距离（D_{min}）四大因素密切相关，其关系可用下式表示：

$$S = f(V, D_{max}, H_{min}, D_{min})$$

根据相关研究成果，为了达到最佳动态景观敏感度（S_{max}），不同车速（V）与 D_{max}、H_{min}、D_{min} 之间的对应关系见表 3-4。

表 3-4　车速（V）与 D_{max}、H_{min}、D_{min} 之间的对应关系

V/（km/h）	D_{max}/m	H_{min}/m	D_{min}/m
20	150	0.35	1.71
60	370	1.10	5.09
100	660	2.00	8.50
140	840	3.00	11.9

以限速 60km/h 为例，当处于特定路段如起步区、隧道内、急弯区时，需慢速行驶，驾驶员前方的景观或景观单元的最远距离不应大于 370m，不应小于 5.09m；它们的高度应大于 1.10m。当景观或景观单元的三维尺度超出这些阈值时，司机的景观敏感度为 0，即对于在这个速度下行驶的司机来说，其对动态中的景观是"视而不见"的。当然，导致动态中的景观敏感度变化的因素除 V、D_{max}、H_{min}、D_{min} 外，还包括景物表面相对于视线的坡度，景物在视域内出现的概率，景物的色彩、质感、明度，人的视力、情绪以及天气的变化等很多不确定因素，此处不再详述。

3.3.4　美学原理

公路景观作为一种特殊的景观构造物，它的结构和功能决定了它独特的美学特征。高速公路景观的观赏者多处于高速行驶状态，在这一状态下，景观主体（人）对景观客体（道路与沿线景物景色）的认识只能是整体概貌与轮廓特征。

道路景观所表现的线条、形体、色彩、材质等，在时间、空间上的排列组合，应该给人以美的感觉。高速公路有着与其他艺术形式一样的形式美的特点和规律，在建设过程中，研究和应用这些规律，可以改善景观环境。

1. 多样与统一

多样与统一是形式美的基本规律，是各种艺术门类共同遵循的形式法则。只有多样变化，没有整齐统一，就会显得纷繁散乱；如果只有整齐统一，没有多样变化，就会显得呆板单调。多样与统一包括两种基本类型，一种是各种对立因素之间的统一，另一种是各种非对立因素相互联系的统一。无论是对立还是统一，都要有变化，在变化中体现出统一的美。

2. 比例与尺度

任何事物都是由多个要素或要素的一部分组成，比例就是要素与要素之间或要素的整体与局部之间的数量关系。一切事物都应在一定尺度内有适宜的比例。形式要素之间的匀称和比例，是人类在实践活动中通过对自然事物的总结抽象出来的。比较著名的比例有黄金分割比、整数比、平方根矩形等。尺度使人们产生寓于物体尺寸中的美感。要体现尺度这一特性就需要把某个单位引到设计中去，使之产生尺度。引入单位的作用，就像引入了一个可见的尺子，其尺寸使人们很容易辨别。人本身的尺度是衡量其他物体比例美感的因素。在高速公路建设中，人的活动与公路之间有着密切联系，公路与人之间应有恰当的尺寸关系，这样人就成为度量建筑的真正尺度。公路的存在应让人们去欣赏，当公路与人在身体与内在感情上建立某种紧密与间接的关系时，在审美主体的眼中，高速公路就会更加实用、协调、美观。

3. 均衡

均衡是景观结构的视觉性质之一，是人们通过对日常生活的观察而形成的与重力有联系的审美观念。在视觉艺术中，均衡中心两边的视觉趣味中心分量相当，则会给人以美的感觉。最简单的一类均衡是对称，对称轴两旁是完全一样的。对称具有高度的稳定性，故高速公路一般采用对称形式，使人感到稳重感。另一种均衡形式是不对称均衡。对不对称均衡的均衡中心应做一定强调，使人一眼就能发现均衡，否则就会导致散漫和混乱。在高速公路景观设计中，不对称均衡应满足杠杆平衡原理，即一个远离均衡中心的景观单元可以用靠近均衡中心的大景观单元加以平衡。

4. 对比与和谐

对比是强化视觉刺激的有效手段，其特征是使质与量差异很大的两个要素在一定条件下共处于一个完整的统一体中，形成相辅相成的呼应关系，以突出被表现事物的本质特征。和谐是指事物各组成部分之间处于矛盾统一、相互协调的一种状态。和谐能使人在柔和宁静的心境中获得审美享受。

5. 节奏与韵律

自然界中的许多现象，常是有规律地重复出现，有节奏地重复变化。韵律、节奏是指某些组成因素做有规律的重复，在重复中又有规律地进行组织变化。重复是获得韵律的必要条件，但只有简单的重复则易感单调，故在韵律中应体现组织节奏上的变化。节奏与韵律也是公路景观艺术构图中的重要元素。实现公路景观构图的韵律节奏方式很多，常见的有以下几种。

（1）简单韵律，即由同一组成因素反复等距出现的连续构图，如等高、等宽的爬山型声屏障，等距离种植的行道树等。

（2）交替韵律，即由两种以上的组成因素交替等距出现的连续构图，如公路选线时直路与弯道的交替布置、两种行道树的间种、两种不同的花坛交替布置和等距排列等。

（3）起伏曲折韵律，即由一种或一种以上的组成因素在形象上出现较有规律的起伏曲折的变化，如连续布置的桥梁、边坡挡土墙、花坛、林带、建筑物等，为了防止呆板，宜遵循一定的节奏规律，体现起伏曲折的变化。节奏是一种有规律的周期性变化的运动方式。重复是获得节奏的重要手段：简单的重复是单纯、平稳的；在复杂的、多层面的重复中则各种节奏交织在一起，有起伏、动感，构图丰富，统一于整体节奏中的多种节奏最具有美感。

3.3.5 色彩原理

光线通过人眼的角膜、瞳孔、水晶体、玻璃体到达视网膜，在这里转换成特殊的信号，经由视神经传入人的大脑，从而产生色觉。色彩一般分为无彩色（白、灰、黑等单调色彩）与有彩色（红、黄、蓝等鲜艳色彩）两大类。当人的视觉器官处在正常状态时，并非将物体的颜色与形状分别作为各自独立的信息加以接收，而是把色彩与形状作为统一信息接收。

亮度是指色彩的明暗程度，低亮度色彩的物体对光的反射率小，而高亮度色彩的物体对光的反射率大。无色彩只有亮度变化，亮度的明暗顺序与无彩色的白—灰—黑的变化过程相对应。色彩还有色调（也称色相）的差别，这样的颜色差异是分辨色彩的关键。分析色彩可只从亮度、饱和度和色调三方面着手。亮度、饱和度和色调合称为色彩的三属性。

红、绿、蓝为色彩的三原色（也称色光的三原色），如图 3-8（a）所示。用 2 种或 3 种色彩的原色进行混合时，其亮度增加，又称为加色法原色。色彩三原色中，红色和绿色混合可以得到黄色，可是对于颜料来说，红色与绿色混合则成为黑色。因此把红紫、蓝绿、黄称为物体的三原色，如图 3-8（b）所示。物体色的三原色越混合越变暗、越混浊，所以又叫作减色法原色。对色彩原理的掌握是把色彩理论应用到公路景观设计的基础。

（a）色彩三原色　　　　　　　　（b）物体三原色

图 3-8　色彩三原色及物体三原色

1. 色彩的心理效应

雪地、冰山的白色使人感到冷，太阳、火的红色或橙色使人感到温暖，海水的蓝色使人感到清爽，色彩缤纷的草地、花卉使人心情愉快，等等，都是人们对自然色彩的一种心理反应，利用这种心理反应，可以在道路环境中运用各种各样的色彩，使人们在人工的色彩环境中联想、记忆，犹如生活在自然环境中。色彩的心理反应在公路或建筑设计方面有着广泛的运用。

2. 色彩的冷暖感

外界物体通过表面色彩给人们或温暖或寒冷或凉爽的感觉：红色、橙色、黄色为暖色；蓝色、蓝绿色、蓝紫色为冷色；绿黄色、绿色、紫色、红紫色为中性色。

由于亮度不同，人们的色感觉也会发生变化，如绿色、紫色、蓝色在亮度高时倾向于冷色，在亮度低时倾向于暖色。此外，色的对比可能使冷暖感觉发生变化，如紫色与红色并列时紫色显得冷些，而与蓝色并列时紫色又显得暖些。炎热地区应多用冷色花卉，能使人感觉清爽，蓝色、青色与青紫色冷感最强；寒冷地带宜采用暖色花卉，可打破寒冷的萧索，使人感觉温暖、热烈，但是暖色的刺激作用较大，过强的暖色或观看暖色时间过长都会使人感到疲劳、烦躁或不舒服，这在边坡色彩设计中要尤其注意。在夏季青色花卉不足的条件下，可以混植大量的白色花卉，仍然不失冷感；而在尚未冷凉的春秋季，青色花卉应与其补色如橙色系花卉混合栽植，变为温暖的色调，这样可以降低冷感。纪念性建筑及场所应多利用冷色所特有的宁静和庄严。

3. 色彩的胀缩感

比较图 3-9 中的两个相同的圆，前者看起来小，后者看起来大，这就是色彩的胀缩性。产生上述现象的原因是白色具有膨胀性，黑色具有收缩性。在进行设计时，红色系统的色面积要小，蓝色系统的色面积要大，这样才容易取得色的平衡。一般情况下，暖色、亮度高的色具有膨胀感，冷色、亮度低的色具有缩小感。当饱和度增加时，膨胀感增强。此外，当色彩相同时，往往会感到面积大的色比面积小的色饱和度强，故大面积着色多选用饱和度较小的色，而面积较小的着色多用饱和度较大的色，起突出重点的作用。色的膨胀与收缩与底色和周围的环境色也紧密相关，四周的色越亮，内部有色彩的图形就越显得小。

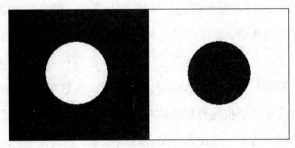

图 3-9　色的胀缩性

在道路景观设计时，可用色彩收缩感来改善局部的不良状况。如立交桥粗大的桥墩可涂上不同的饰面材料使之在感觉上变得细些；如桥墩较细时，可用明亮的浅色或暖色来饰面，使之在感觉上变得粗些。暖色具有膨胀性，在高速公路服务区所建的服务设施，可以以暖色为主，给人以亲切感。

4. 色彩的进退感

饱和度对色彩的进退、胀缩感的影响最大，其次是色调和亮度的影响。在饱和度方面，波长长的色，如红、橙、黄等色具有扩大、向前的特性，而波长短的色，如蓝绿、蓝、蓝紫、紫等色具有后退、收缩感。在亮度方面，一般情况下，亮度高而明亮的色都具有向前、扩大的感觉，亮度低而黑暗的色具有退后和缩小的感觉。在色调方面，高彩度鲜艳的色不论波长长短，其扩张力均较大，并且有伸张的感觉，尤以暖色为最强；彩度低而浊的色，有缩小感，而且亮度高低对其影响有所不同。利用色彩的进退感可调整道路设施的空间环境，从而及早采取措施，避免意外事故的发生，同时也可较好地改善视觉效果。

5. 色彩的活泼感

充满明亮阳光的房间有轻快活泼的气氛，而光线较暗的房间则易使人产生苦闷忧郁的情绪。通常我们看到以红、橙、黄等暖色为中心的明亮纯色时会变得活泼，看到蓝和蓝绿这些冷的暗浊色时易变得忧郁，也就是说，活泼和忧郁是伴随着亮度的高低、色调的冷暖而产生的感觉。无彩色的白和其他纯色组合时会使人感到活泼，黑色是忧郁的，灰色是中性的。旅游道路景观的设计在色彩的活跃方面体现得尤其明显。春天到郊外踏青，游客的目的是休闲并想得到放松，相应道路两侧植被的色彩应以活泼轻快为主，可以使红、橙、黄等色彩的植被轮流出现在道路两侧，给人以节奏感，使游客感到轻松愉悦。但对于通向名胜古迹的旅游道路，在植被的配置方面给人的感觉不应是活泼感，而是相反，尤其在接近古迹时，植被的色彩应体现该古迹的特色，如河北易县的清西陵，旅游区的道路两侧是青松翠柏，显得庄严肃穆，体现了皇家的威严宏大。

6. 色彩的疲劳感

色调高、较鲜艳的色，对人刺激较大，易使人疲劳。一般来讲，暖色较冷色疲劳感强。不论亮度如何，色调过高或色调、亮度相差过大的组合等多易使人感到疲劳。不同颜色的生理作用主要表现在对视觉工作能力和视觉疲劳的影响上。在颜色视觉中，人能根据色调、亮度或饱和度的一种或几种差别来辨别物体，因而可以提高辨认灵敏度。当物体具有颜色对比时，即使物体的亮度和亮度对比不大，也能有较好的视觉条件，并且使观察者眼睛不易疲劳。眼睛对不同的色光具有不同的敏感性，一般说来对黄色较为敏感，因而交通环境中通常用黄色作为警告标志的底色。

3.4　高速公路景观要素

公路景观同其他的景观有很大的区别，它是一个动态三维空间景观，是沿线景观和自身景观的统一体，具有韵律感和美感。道路把不同的景点结成了连续的景观序列，使人产生一种累积的强化效果，同时道路本身又成为景观的视线走廊。研究高速公路景观首先要分析公路景观构成要素。对公路景观构成要素的分析主要是对公路自身及其附属工程构造物进行分析，即对公路景观的主要构成部分进行分析。

3.4.1　高速公路线形景观要素

道路不仅是交通运输构造物，也是人们广泛使用的建筑物。它应使驾驶员在道路上行车时不易感到疲倦，并使旅客在旅行时有欣赏风景的兴趣。道路定线时，应使其形态柔和优美，并与附近的自然景色和建筑艺术相结合，路线应使其所具有的美感得以显露或强调。在这种情况下，按照景观设计的原则，路线应采取柔和顺势的空间曲线插入自然形势之中，但并不要求迁就地形的微小起伏。此外，道路的线形应能提供开阔的视野，并尽量利用最佳的景观特征以引人入胜，避免使人感觉单调，避免导致视觉疲劳。在符合技术要求的条件下，道路线形还要尽量适应地形地貌及自然景观，避免过大的填挖，力求与周围景色融为一体，尽量不露出施工痕迹。当破坏不可避免时，应迅速予以治理以恢复其自然外观。

根据国内外线形设计实践，道路不仅要有柔顺、优美的线形，还要与周围环境相协调。

几何设计中的协调性应包括线形各个组成要素的协调以及与道路、环境的协调。公路线形协调美的相关内容如图 3-10 所示。此外，其还涵盖道路两侧坡面、路肩、分隔带与环境的协调，以及路线在自然景观中的宏观位置。

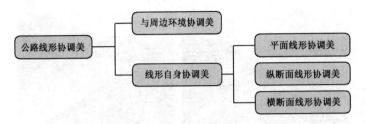

图 3-10　公路线形协调美的相关内容

影响美学的线形景观要素有以下几种。

1. 平面线形

（1）直线。直线是否使人感到单调和厌烦，不仅取决于直线的长度，还取决于驾驶员的注意力。如果驾驶员目不斜视地在长直线上超车，会把注意力完全集中到超车动作上，此时即使直线很长，驾驶员也不会产生单调感。而在不需超车的情况下，在直线上行驶驾驶员就容易感到疲劳。试验表明，4.8km（即在 97km/h 速度下行驶 3min 的行程）的直线就会使驾驶员感到单调。从调查研究的情况来看，直线长度限制在 3km 以下是比较合理的，这样就不至于单纯因直线的关系给驾驶员造成单调厌烦的感觉。直线在美学上的另一缺点是不易与复杂地形、周围风景融洽配合，不易保证公路线形的连续性。

（2）平曲线。平曲线也是常用的线形。与直线不同，平曲线在美学上有很多优点，如富于变化、具有较好的视线诱导作用等。在其上行驶时，驾驶员须不断地调整行驶方向，因此驾驶员能很好地集中注意力，不易产生松懈疲劳。而且平曲线能较好地利用地形，使线形变化自然、有节奏，减少工程量，也能与道路两侧的自然风景协调配合，获得美好的侧向景观。但是，若处理不当，平曲线不仅会使线形显得零乱、有不舒适感，而且对行车安全也有潜在的威胁。调查发现，平曲线转角与事故有相关性，转角越大，事故率越高；但转角太小，又会把曲线长度看得比实际要小，使驾驶员产生急转弯的错觉，造成操作失误。图 3-11 所示为平曲线改善前后的景观效果对比。

（3）缓和曲线。缓和曲线是指在两个不同曲率的线形之间设置的曲率逐渐变化的过渡曲线。其作用是保证路线曲率变化柔和、连续，离心力变化平稳，这样既可减小驾驶员和乘客因离心力变化而产生的不适感，又能使驾驶员从容地操纵方向。同时，缓和曲线可消除平面线形的视线扭曲，提高视觉上的平顺度，增进线形的连续感和美感，而且为平曲线的超高和加宽提供了易于布置的过渡段。缓和曲线通常有螺旋线、双扭线、回旋线等形式，从美学效果上看，各种形式差别不大，决定其外观的主要因素是缓和曲线的长度。美国各州公路与运输工作者协会（AASHTO）建议，当设计车速为 97km/h 时，最小缓和曲线长度为 53～67m。设计车速更高时，缓和曲线的长度也要更长一些，这样才能改善缓和曲线的线形。

（a）改善前　　　　　　　　　（b）改善后

（c）改善前　　　　　　　　　（d）改善后

图 3-11　平曲线改善前后的景观效果对比

2. 纵断面线形

纵坡与竖曲线构成纵断面线形（也称纵面线形），它是公路线形的重要组成部分。纵坡与竖曲线的设计，除要考虑汽车的动力性能外，更重要的是要考虑如何适应地形，应既满足汽车行驶力学和安全的需要，又满足视觉上的舒适性和美感。因此，在纵坡与竖曲线的设计中，美学问题尤为重要。从美学上讲，纵坡过大、过长或在一段路内反复出现变坡都是有问题的，要么破坏线形的连续性，造成"碎坡"，要么形成视线盲区，影响视距等。特别是当纵坡与平曲线结合在一起时，纵坡的大小对公路线形外观的影响是至关重要的。所以，陡而短或反复的纵坡是不可取的。

竖曲线是为保证汽车能平顺通过坡顶或坡底而设置的，因而竖曲线的长度和半径是决定线形美观和舒适行驶的重要因素。研究发现，人眼对坡度并不很敏感，但对坡度差却十分敏感。因而短小的竖曲线就会使人产生视觉曲折现象，形成线形不连贯、不顺畅的感觉。为此，有关专家曾提出，竖曲线的长度和半径应大大超过行车安全所规定的最小值，一般竖曲线的长度应为驾驶员开始觉察到竖曲线时的视距或至少为这一视距的 60%。

3. 横断面线形

横断面设计中也应综合研究降低地形的改变等对景观的影响，在设计、施工、管理各个阶段确保合理的断面，以创造良好的道路景观。在分离式路基中，有平面分离和高低分离。平面分离不用迁移既存的石碑等历史遗迹资源和移植作为地域象征的树木，而是把它们应用到道路景观中来，有效改善景观。高低分离有利于顺应地形，最小程度地改变地形，与地形相协调，让驾驶员感到道路安全稳定，减轻压迫感。

3.4.2　构造物景观要素

公路沿线景观主要是指一些构造物，即交通通行设施，包括桥梁、隧道、立交桥、安全设施等人工构造物，它们是公路的一部分，也是公路景观的重要组成部分。其主要功能是帮助车辆跨越各种障碍（如河流、峡谷、山脉、交通线路等）。

1. 桥梁景观

桥梁是道路通过江河湖泊、山谷深沟以及其他线路（如公路、铁路、管线）等障碍时，为了保证道路的连续性，充分发挥其正常的运输、通行能力而修建的人工构造物。

桥梁是公路的重要组成部分，不仅是公路的枢纽，而且也是公路的标志性建筑。因此，在设计中，就更应重视桥梁的美学效果，使桥梁的功能和形式与周围的地物、地貌有机地结合，共同构成一个新的景观，不至于因为修建桥梁而破坏原有自然地理环境的和谐统一。对桥梁建筑的美学设计要从以下几方面进行考虑。

（1）桥梁形式美。作为一个建筑物，桥梁自身应具有美的属性。建筑形式美的法则包括统一、均衡、比例、尺度、韵律、高潮、设计中的序列等。这些法则也是桥梁造型设计的主要原则。

（2）桥梁功能美。桥梁要强调美与功能的一致性。桥在交通功能上属于构筑物，必然遵循力学原理取得组成力系的平衡美，以及充分发挥材料结构强度而产生的明快舒张感，求得内在的质感美。

（3）桥梁与道路协调。桥梁线形是道路线形的一部分，从功能上讲，桥梁与道路协调也要表现桥梁结构和道路功能的一致，在建筑尺度上也应力求体现这一点。

（4）与周围环境协调。桥梁是风景的一部分，要和自然环境融为一体。有些情况下不应突出桥梁，有些情况下桥梁则可能成为环境的主导因素。只有与环境融为一体的设计才是美学上提倡的。

2. 隧道景观

与桥梁一样，公路隧道是公路工程的一个重要组成部分。其主要功能是使车辆在山区通过时，缩短行驶里程，提高行驶速度，改善行驶环境。从景观设计的角度来看，隧道洞口设计中比较重要的是体现总体设计和层次设计相结合的思想。隧道洞口的绿化景观设计非常重要，适当的绿化景观处理可以减少司乘人员进入隧道的心理压抑感,在洞口种植高大乔木可起到明暗过渡的效果,有效防止进出洞口的光线强烈反差,提高司机的视觉适应性,有利于行车安全。洞口的景观设计,包括洞口构筑物、边坡、仰坡、绿化、导引、铭牌、照明等内容,绝不可以把洞口构筑物本身独立出来谈。因此,除了遵循构筑物的形式美的基本原则外,还必须考虑环境损伤及恢复、与周边环境的协调,甚至文化含义等。

3. 立交景观

立体交叉是公路上主要的构造物。立交桥处在道路相交点,用路者在此要做出方向的选择,同时立交桥也是道路使用者在行驶过程中看到的道路上主要的垂直景观。立交区追求视觉效果上的舒适性,是高速公路对外的窗口。在景观设计中,立交区的设计占有非常重要的地位。它的设计成败直接影响到公路景观总体的优劣,是高等级公路景观设计中一个必不可少的部分。

道路景观美学呈线形带状特点,是流动的带状景观。桥梁美学突出雄伟、壮观,呈静态特征,而立交景观具有多方位、多层次观赏的特点,这是由于立交具有多条路相交的特点,既有直行车道,又有转弯匝道,是两者的集合体,同时层次较多,用路者可以从不同的层次、方位观赏立交,从总体上或从各个局部来透视立交。

另外,用路者在欣赏立交时,往往呈现动态景观,无论下穿或上跨立交,人们总是由远及近,从远视观赏立交的整体形象,到中视观赏立交局部形象,并随着方向转换,从近视观赏细部构造装饰的情况。由此可见,立交美学应满足多方位性特点。这一特点对立交总体造型、局部美化及细部装饰都提出了更高的要求。

4. 安全设施

设置安全设施要"以人为本、以车为本",强调驾驶人的失误不应以生命为代价,同时安全设施应与周边环境相协调,成为美化公路路容的重要因素。为实现此目标,安全设施的设计应在充分尊重公路及所在路网的道路条件、运营环境及对公路使用者需求进行分析的基础上采用"灵活、宽容、创作"的设计手段,使安全设施的设计更具有针对性、合理性和观赏性。

安全设施包括交通标志、交通标线、护栏和沿线设施,如服务区、停车区等交通设施。这些构造物景观设计综合性较强,相对复杂,既要符合功能的要求,同时也要具有较强的景观美感与适宜的游憩环境。

比如护栏的设置,对于旅游公路或景观公路,当设置护栏对提升公路景观没有任何作用时,应尽量寻找可以替代护栏的措施;必须设置护栏时,护栏的外观应力求简洁,减少装饰,要充分考虑通透性,刚性护栏要降低其存在感,护栏的色彩与构造物应与周边环境相协调,宜采用与人有亲和力的设计和材料。

服务区和收费站区的建筑物及构造物应新颖别致、外观美丽、设施先进,具有较强烈的现代感，视觉感染力强，其景观设计应以植物造景为主，结合服务区的特点，适当植树，利用植物的形状、色彩、质感和神韵创造各具特色的环境景观。空间结构上，绿化应与建筑风格、形式、色彩、质感和功能取得一定程度上的协调，乡土植物与富有地方风格的建筑应按照当地园林的习惯来组景，形成立体景观，从而使整体环境舒适宜人，轻松活泼，达到旅途休闲的目的。同时服务区亦可根据其所处地域的特征，通过景观元素的表达，突出地方文化氛围。

3.4.3　其他方面

公路景观构成要素除了以上分析的方面，还包括一些其他方面，如道路路面的铺装色彩。目前，公路路面大多数是用水泥混凝土或沥青混凝土铺筑。从美学角度来讲，这种路面的颜色显得呆板、乏味，容易使人产生疲倦。我们可采用一些城市道路的做法，用一些色彩来装饰路面，使行车道、超车道及停车带路肩配以适当的色彩来进行区分。此种路面比原混凝土本色要美观，会成为一道亮丽的风景线。同时，行驶在色彩鲜明的彩色路面上，可以避免驾驶员走错车道，减小疲劳感，提高行车的舒适性。另外，为使行车尽可能舒适安全，应尽量遮挡或移除不雅景观，需要对不雅景观区及衰败景观区进行植被恢复，且应提前规划以便与公路用地范围的规划相适应。

3.5　高速公路几何线形景观设计方法

道路与环境之间的视觉兼容性在很大程度上取决于平面线形和纵断面线形。成功的设计所创造出的路线视觉景观往往形成人们对某一地区最初的和最持久的印象。不管在城市核心区、郊区，还是在农村地区，公路本身都是景观的主要元素，应该具有与环境协调一致的特性。

公路平面线形和纵断面线形与自然地形的协调能增强地区景色的美感。我们应利用地形因素把公路线形设置成一系列长的曲线与相对较短的切线相连。同时，必须使平曲线和竖曲线协调一致。如果地形陡峭，就要考虑进行路线分幅建设，把土石方工程降到最低，避免对边坡的过度开挖，最小程度地破坏敏感环境点，降低进行植被恢复、控制侵蚀、动物栖息地重建的费用。

3.5.1　平面协调

平曲线富于变化，具有良好的视线诱导作用，能够较好地利用地形，使线形变化自然、有节奏，与风景区周围的景观容易配合协调，获得更好的侧向景观。在道路景观的设计中，若平曲线处理不好，不仅会使线形显得凌乱，有不舒适感，而且对于行车安全会有潜在威胁；

另外，对于圆曲线的半径和缓和曲线长度的选择要掌握好尺度。在道路曲线的设计上，若曲线前后的景观风格一致，应尽量采用大半径的曲线，以保持沿线景观的连续、顺适；若曲线前后的景观风格迥异，则要考虑采用小半径的曲线。研究表明，视觉上的突变会使大脑达到高的兴奋点，从而达到另一个心理状态，较小的半径会加速曲线前后景观的变化，产生视觉的跳跃。

图 3-12 中公路的路线线形流畅，具有连续性，并能充分利用风景资源，使高速公路在所处环境中既不醒目也不支配环境，与周围环境融为一体。

图 3-12 公路与周围环境的良好融合

3.5.2 纵断面协调

道路的纵坡与竖曲线的设计，除要考虑汽车的动力特性外，更重要的是要考虑如何适应地形，满足视觉上的舒适性和美感。从道路美学角度来讲，纵坡过大、过长或在一段路内反复出现纵坡都是存在问题的，不是破坏线形的连续性，就是形成视线盲区、影响视距，这样的线形会降低游客游览的舒适程度，对道路景观的整体效果产生影响。在纵断面设计中，路线应尽可能接近原地面自然坡度，减少人工痕迹，避免过多地破坏环境和景观，不得已时应采取植树等措施进行弥补。例如，在高填方弯道外侧植树不但能够增进行车安全感，还能补偿高陡边坡的人工痕迹、改善景观；在高挖方段进行绿化不仅能保证视觉上色彩的连续性，还能增进路容美观。图 3-13 所示为良好的景观补偿设计样例。

图 3-13   良好的景观补偿设计

纵坡与平曲线结合在一起时，纵坡的大小对道路线形外观的影响至关重要，竖曲线长度和半径是决定线形美观和行驶舒适的重要因素。平面线形与纵断面线形相结合并与地形相协调时，应注意以下几点。

（1）以高度差为 100m 的弯曲方向一致的平面曲线为主。

（2）设计时使道路线形图与大比例尺等高线图的形状相似，或选择较大的平曲线半径。

（3）纵断面线形要注意高程控制点，并在设计上缩小地基高度与设计高度之间的误差。

（4）必要时平曲线的数量可随着地形陡峻程度的增加而增加，应尽量避免出现一个平曲线中包含多个竖曲线的情况。

（5）要根据需要对平面线形设计、纵断面设计、横断面设计的结果进行反复修正。

3.5.3   横断面协调

横断面设计侧重对边坡的处理，力图使边坡造型与现有景观相适应，借助于边坡的形态、植树和草皮，使由于挖方和填方对自然景观的破坏得到补充。土石方工程是修筑路基的基本形式，因此对路基边坡的绿化无论是对其本身防护还是对改善外观都很重要。土石方工程必然留下许多施工痕迹，应适当进行处理和修饰，以恢复其自然外观。如对弃土堆的修整、对挖方边坡的防护及绿化等均应重视，如图 3-14 所示。通过对图 3-14 中的两幅图进行对比可见，未经修饰的边坡生硬、沉闷，经修整、绿化后的边坡景观色彩明快、风格统一、生机盎然，令人心情愉悦，给人以美的视觉享受。

（a）未经修饰的边坡　　　　　　　　　　（b）经修整、绿化的边坡

图 3-14　边坡防护效果对比图

同时应注意的是，是否与地形相协调，不单单由线形来决定，还包括边坡的道路横断面设计以及周边的植被、高压线的铁塔等周围建筑物与道路的位置关系。

3.5.4　几何设计中的景观安排

景观安排要注意以下几个方面。

（1）把主要景观安排在驾驶员视野直接指向的路线方向，如图 3-15 所示。

图 3-15　景观安排示意图

（2）把部分景观放在斜前方，以满足前排乘客的需要。

（3）要不断变更景观，最好的办法是能够让驾驶员或乘客用眼睛自然而然地对蜿蜒的道路进行扫视。图 3-16 所示为驾驶员视野扫视示意图。

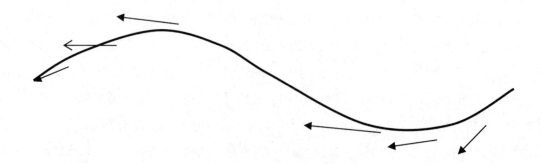

图 3-16　驾驶员视野扫视示意图

（4）布线时最好将景观安排在弯道外侧，形成一连串的景点，驾乘人员的眼睛趋向于被弯道外的景点所吸引，如图 3-17 所示，这种做法有助于使旅途充满变化，并传送一种向前运动以达到终点的情绪。当一个暂时性目标被驾驶员作为注意的对象，且最终从这个目标旁通过时，驾驶员可能有一种满足的情绪。

图 3-17　弯道外侧景观安排示意图

（5）对于特殊的景点或目的物，应将其既作为远景又作为近景进行利用。由于所处的位置不同，景点对象的景色也不同，如图 3-18 所示。

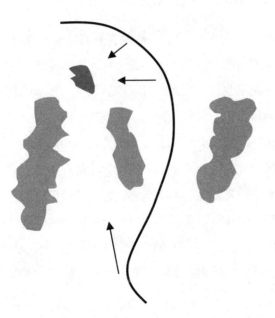

图 3-18　景点位置与景色形成示意图

（6）注意几何特性、外部景观对道路节奏和韵律的影响。曲率半径小的弯道，其景点频繁地变化而且有强烈的对比，将会加快节奏和韵律；相反，较慢的速度，大半径的弯道和宽广不变的远景则会降低节奏和韵律。可充分利用直坡段和竖曲线来展示景象，特别是远景。上到坡顶时，视平线变低，视野也被限制，下坡时则相反。图 3-19 所示为几何特性、外部景观对道路节奏和韵律的影响示意图。

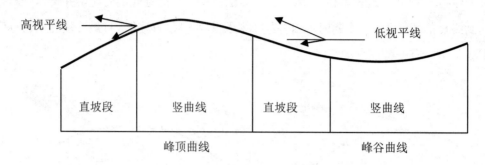

图3-19　几何特性、外部景观对道路节奏和韵律的影响示意图

3.6　构造物景观设计方法

3.6.1　一级景观分区要素设计

一级景观分区在高速公路景观规划中占据最重要的地位。在高速公路建设初期，首先应对一级分区内的景观要素进行提取，再进行现场勘察和资料收集，着重进行景观元素设计。

一级景观分区的属性是景观要素美感度好，能够很好地缓解驾驶员的视觉疲劳，美化行车环境，同时景观要素应容易养护、管理。因此，在进行一级景观分区要素设计时，应对道路沿线周围的自然环境、人文资源和社会环境进行合理的利用和创造性的设计。采取合理的景观设计方法可以充分发挥一级景观分区的景观效果，例如，景观布局形式可以采用不对称平衡的表现方法，以突出多而且复杂的景观元素的动态感；色彩基调可以选择亮色调、鲜色调，以突出景观效果，引起道路使用者的注意；景观的韵律和节奏应采取交错韵律，营造丰富的景象，使道路景观具有生气。同时，景观设计应遵循容易养护管理的原则，以使得景观效果可长久维持。

（1）通过设计，立交区、收费站、服务区、城市出入口、隧道等可成为一条高速公路主要的、永久的景观。

（2）一级景观分区要素皆为高速公路走廊带的地标建筑；高速公路出入口是高速公路整体景观空间序列的起终点，是进入一个城市或者地区的门户，其景观环境设计决定道路使用者感受一个城市或者一个地区的印象，容易引起过往驾乘人员的注意。

（3）一级景观分区要素的景观设计是不同地域高速公路走廊带的景观亮点，可缓解驾驶员的疲劳，增加高速公路行驶的趣味性。

3.6.2 互通式立交区景观

互通式立交区是高等级公路整体结构中的重要节点，是与其他道路交叉行驶时的出入口，也是景观构成的重要区域，直接影响着整条道路景观的总体形象。互通式立交是由钢筋混凝土和砌石材料构筑成的工程实体，如何对其进行景观设计让道路使用者将注意力从冰冷的混凝土转移到景观特色上，使其与周围自然景观环境相融合是设计的重点。

从美学角度来讲，互通式立交需具备使其所服务的对象满意的功能，而且要使人产生美的享受，即要求立交构筑物具有功能与美学的一致性。其不但要满足安全性，行驶动力学和交通工程与运输的经济性，还要具有美学特性，以获得良好的景观效果。具体应注意以下几个方面。

（1）互通式立交景观设计主题应与高速公路纵向景观主题段设计思想相呼应，在立交造型、立交区域绿化栽植、设计元素造型和色彩等方面和路段景观设计思想保持一致。另外，作为重要景观设计节点和交通转换枢纽，互通式立交又承担着体现当地自然风光、文化特色的任务。

（2）互通式立交的造型与周围环境要协调。互通式立交的造型和位置的选取容易受到区域内用地范围的大小、自然条件、地形地貌、气候条件、岩石及水土的分布以及区域内植被状况的影响，所以景观设计首先要满足工程建设要求。其次，立足于景观角度考虑，由于互通式立交是一个规模宏大的空间结构物，立足于互通式立交某一点很难一览立交全貌，因此在满足通行功能的前提下，应尽可能选择造型简单的互通式立交；同时互通式立交位置的选择应以容易造景、尽可能少地破坏自然环境为原则。

互通式立体交叉区内的地形地貌应尽量保持原有风貌，特别是原有水系、植被、湿地等应尽量保留。但对局部地段，如匝道三角区，可进行适当的微地形改造，以改善行车视线，减少防护工程量。图 3-20 所示为某互通式立交景观设计方案，为充分与原有地貌相协调，该方案将匝道以隧道穿越山丘的方式进行布设，减少了对环境的破坏，突出了山水生态的景观设计理念。

图 3-20　某互通式立交景观设计方案

在进行互通式立交区域景观设计过程中，除考虑尽量与周围环境相协调外，还可对互通式立交区域进行微地形改造。互通式立体交叉区的场地处理一般为"工程平整"和"现状保留"两种方式。"工程平整"忽略互通式立体交叉的地形走势，一概进行平整，景观较平淡；"保留现状"则对土建开挖后的互通式立体交叉地形不进行任何处理，常常视觉较差。适宜的微地形改造不仅可以平顺场地，使其小区域内的地形更加自然，而且还可以起到平衡土石方的作用。

互通式立体交叉区域内的微地形改造设计应注意对原生植物、水系、湿地的保护，注重与周围山水骨架的协调性、连贯性。在地形上，应顺势而为，但求顺畅；在水系上，应强调与原有水系的联通。

图 3-21 所示的互通式立交景观设计利用原有的水系形成活水景观，夏季水生植物点缀着溪流地带，温润宜人，呈现人、林、山、水之间的互动效果。此种设计方法对于在喀斯特地貌条件下充分利用山水资源具有借鉴作用。

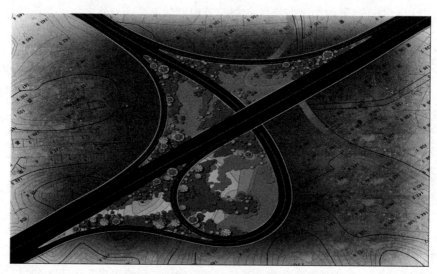

图 3-21　某互通式立交景观设计方案

（3）互通式立交景观设计时应充分考虑司乘人员的视觉特性，合理规划互通式立交景观设计区域，科学进行互通式立交绿化景观营造。

进行互通式立交区域设计时首先应考虑安全问题，尤其是匝道分合流处、弯道内侧的视距问题必须认真考虑，不能因为景观设计的需要而造成部分区域视距不良，影响交通安全。同时，互通式立交区域是重要的景观节点，必须考虑司乘人员的动视觉特性，合理运用景观设计方法，协调安全与景观的关系。

根据互通式立体交叉组成部分的不同功能，互通式立体交叉区域绿化栽植可以分为风貌绿化区、生态绿化区、功能绿化区（汇流区、分流区、引导区），如图 3-22 所示。

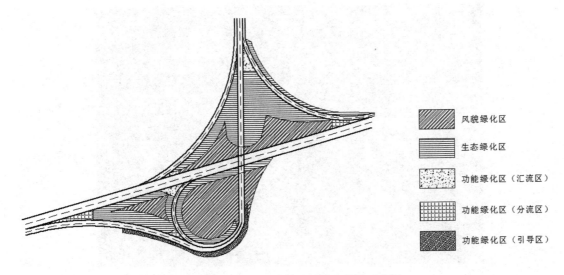

风貌绿化区

生态绿化区

功能绿化区（汇流区）

功能绿化区（分流区）

功能绿化区（引导区）

图 3-22　互通式立体交叉区绿化栽植示意图

1）风貌绿化区。风貌绿化区以体现互通式立交景观主题为原则，同时结合互通式立交周边环境进行设计。

山岭型互通式立交宜进行微地形改造，采用群落状或片状种植，以乔木为骨干，搭配灌木，并注意林缘线的处理，如图 3-23 所示。

图 3-23　山岭型互通式立交栽植方案

城郊型互通式立交可采用大面积疏林草地或模纹设计，如图 3-24 所示。

图 3-24　城郊型互通式立交栽植方案

　　田园型互通式立交可采用农田式绿化，利用地被植物模拟农田景观。图 3-25 所示为体现梯田造型和风貌而采用的绿化方案。在充分利用地形的基础上，通过植物栽植形成梯田状。主要种植一些春季开花的植被及花灌木，层叠有序形成独有的色彩纹理，并适当点植常绿乔木，留出透景线，注重鸟瞰效果，使景观更具灵动性。

图 3-25　田园型互通式立交栽植方案

　　2）生态绿化区。生态绿化区主要指互通式立交匝道路堑边坡、路堤边坡和排水沟等区域。互通式立交匝道路堑边坡种植应与互通式立交的整体绿化统一考虑，以生态种植为主，植物品种应统一；互通式立交路堤边坡坡度一般较缓，种植以通透为主，不遮挡中心区域的风貌种植，主要采用灌木和草皮；互通式立交排水沟种植以屏蔽为主，主要采用灌木。

3）功能绿化区。功能绿化区主要采用视线指示栽植、缓冲栽植、诱导栽植等方法以提高行车安全性。

指示栽植：采用高大乔木，用来为驾驶人员指示位置和方向，并显著提高互通式立体交叉的识别性，如分流处的指示栽植。

诱导栽植：采用小乔木或者灌木，设在匝道平曲线外侧，用来预告匝道线性的变化，引导驾驶员视线。弯道内侧绿化应保证视线通畅，不宜种植遮挡视线的乔灌木，在不影响视距的前提下，路肩内侧可种植矮而密的灌木，间接示意司机减速。这种非对称栽植，可以起到较好的诱导作用。图 3-26 所示为诱导栽植绿化景观效果

图 3-26　诱导栽植绿化景观效果

缓冲栽植：采用灌木丛绿化，设在桥台和分流的地方，用来缩小视野，间接引导驾驶员降低车速，同时，在车辆因分流不及而失控时，缓和冲击、减轻事故损失，如图 3-27 所示。

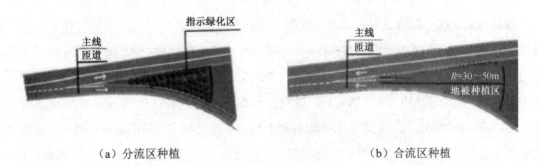

（a）分流区种植　　　　　　　　　　　　　　（b）合流区种植

图 3-27　缓冲区域绿化种植

另外，为了保证驾驶员的视线畅通，在互通式立体交叉的合流处要根据设计车速来确定

禁止栽植区（禁植区）的范围。在禁植区范围内严禁栽植任何可能影响驾驶人员视线的乔灌木，只应进行以保土固土为目的的绿化种植，以种植草皮为主。

（4）互通式立交的整体构造物设计应该注意上部构造物与下部构造物的协调：上部构造应轻盈，减少重压感；桥下有较开阔的净空，应营造轻松的视觉环境。高速公路行驶具有速度快的特征，因此互通式立交构筑物立面造型设计强调施工便捷，造型简单、大方、美观，能够反映历史、文化及地域特色，不宜过于繁冗，避免与高速公路标识信息相冲突。

（5）在需要且适宜文化表现的互通式立交区，可设置雕塑小品，传达文化氛围。设置在适宜位置的雕塑小品（景观小品）除了具备文化景观功能，还可以起到提示及警示作用。景观小品的设置应注重与环境绿化的配合，如图 3-28 所示。

图 3-28 互通式立交景观小品设计方案

3.6.3 城市出入口与收费站景观

随着高速公路的迅速发展，城市发展的新特点就是高速公路沿线的城市发展迅速，特别是高速公路出入口区域的城市开发建设，更是城市建设的敏感地带。拥挤的城市需要一个疏散通道，同时也需要一个外界能够直观了解城市特点，并且可促进城市发展的重要门户，因此，城市出入口（高速公路出入口）的建设就显得尤为重要。城市出入口是展示一个城市地域特色的重要门户，是进出城市的景观中心，应有利于高速公路沿线产业带的形成。因此，城市出入口的景观应该符合城市规划，景观布设要容易引起司乘人员的注意，同时由于距离城市较近，景观的维护和保养应相对容易。由于我国高速公路大部分为收费公路，因而可将城市出入口与收费站、立体交叉作为整体来考虑景观设计要点。

（1）城市出入口景观规划要点。

1）城市出入口两侧用地布局。面对土地资源越来越稀缺的用地紧张局势，合理规划高速公路城市出入口两侧用地布局显得尤为重要。城市出入口景观设计要严格符合用地布局，要与高速公路沿线城市的发展规划相吻合，同时应考虑出入口的功能定位。任何有悖于城市规划的景观设计是没有任何意义的。

2）城市出入口处的建筑群。为保证城市出入口处景观的空间序列具有整体性、连贯性和节奏感，建筑群应避免出现脏、乱、差，影响整体景观效果的情况。建筑群的外观造型、高低特征、颜色特征、距离出入口道路的距离都应进行合理规划。在不扰乱高速公路的通视性的前提下，出入口处建筑群的外观造型应体现城市文化或地域特色，色彩选择应该与高速公路周围自然环境相协调。

3）城市出入口标示景观。城市出入口通常会设置很多道路信息的标识牌以及具有地域特色的观赏牌、广告牌等景观牌，需要合理设置这些标识牌的位置，保持视觉空间的整体性、有序性，避免杂乱无章，使道路使用者能快速清晰地获取道路信息，同时可以了解其他景观牌的信息。

4）城市出入口景观小品或雕塑。为展示城市的个性、反映城市风貌及特征，可在城市出入口处设置景观小品或者雕塑，增强道路的趣味性。景观小品和雕塑的设置位置及其大小都应与道路两侧的建筑界面、自然景观（山体、农田）相协调。

5）城市出入口路面景观。将城市出入口路面设计成彩色路面，可使人心旷神怡。

（2）收费站景观设计要点。高速公路收费站是高速公路的重要交通管理服务设施。收费站设立的主要目的是通过对过往车辆征收通行费，为道路建设、发展、养护、营运等筹集资金，或用于偿还道路建设贷款。收费站除具备使用功能，还具有景观功能。收费站属于一段高速公路走廊带的地标性建筑，能够改善旅途的单调性，增强道路的识别性、记忆性，同时可以改善驾驶员疲劳感。

从景观美学角度考虑，在满足功能性要求的前提下，收费站总体设计应既能使收费站工作人员生活舒适、便于道路管理等，同时又可诠释沿线历史文化特点和地域风格。收费站景观设计应遵循简洁、大方、轻盈、明快、整体性强的原则，收费站建筑应与空间、绿化有机结合，与高速公路路体、线型及周围环境相协调。

在设计收费站时，应注意以下几点。

1）收费站选址。收费站选址应遵循高速公路的整体规划，同时又受城市规划、地形地质条件、道路线形、征地成本、建造成本等因素的影响。从行车安全和景观两方面考虑，收费站宜选择在地势平坦的直线路段，且应避免设置在凹形竖曲线最低处，避免收费站系统的排水不畅。平坦的地势便于施工、车辆的加减速和停靠等，同时也有利于增加驾乘人员的视距，使驾驶员提前做好车辆加减速的准备。另外，平坦的直线路段也有利于收费站景观的营造。

2）收费站造型设计。收费站造型品味是给驾乘人员对附近城市和高速公路的第一印象。在进行造型设计时，应注意避免给人留下呆板、沉重、压抑的感觉，可以采取流线型设计，增加其建筑的动感，如图 3-29 所示。在收费站外部颜色选择上，宜选择鲜艳的对比色调，这样既能引起驾驶人员的注意，起到提示作用，又能给人以欢快、轻松、愉悦的感觉。

图 3-29　高速公路收费站景观设计实例

另外，在进行造型设计时也可以选择具有地域特色的收费棚造型，赋予功能构筑物地域特色，从而提升景观品味，增强道路使用者对高速公路区段的景观印象。同时应注意，在收费棚造型的设计及外部材质颜色的选择上要与周围环境相融合、协调，使其既不显得太突兀又能突出其建筑的景观特色，给进出高速公路的驾乘人员留下深刻的印象，如图 3-30 所示。

图 3-30　高速公路收费站景观实例

3）收费站绿化环境设计。根据广西喀斯特地区特色（奇山异石，生态环境优美）并结合收费站所在位置地形特点，可以考虑采取"无为而治"的策略，尽量少在收费站旁边大量种植乔灌木，大量采用借景的处理方法，尽量将路界之外的美景"借用"起来（图 3-31），开阔人们的视野，使人产生轻松自然的感觉，这样既不会阻挡驾乘人员的视线，又能将收费站景观尽可能地融入周围环境，不产生突兀或与周围环境格格不入的感觉。

图 3-31　高速公路收费站绿化与山体协调的景观

收费站处一般车流量比较大，尾气排放量大，若在收费站两侧种植大量的高大乔灌木，在一定程度上会阻挡空气的流动，不利于废气的扩散及新鲜空气的进入，因此可以考虑在进出收费站的车道的两侧适当种植单排整齐的低矮灌木，这样既可以起到引导驾驶人员视线的作用，又可以增加一定的次序感，提示驾驶人员有次序地进出收费站。但不宜大量种植多色鲜艳的花草，以免分散驾驶员注意力，影响交通安全。

3.6.4　桥梁景观

1. 桥梁造型设计

现代桥梁结构造型设计的着眼点是简洁明快、轻巧纤细、连续流畅。

（1）简洁明快。桥梁造型及其各部分关系应简洁流畅、力线明快，以使快速运动着的人们在瞬间一瞥中得到明确深刻的印象。当桥梁的形象清晰，其功能结构为人们所领悟，并与人们的心理感受相一致时，才会产生充实的、信赖的美感，因而简洁明快是现代桥梁美学特征之一。简洁明快应从造型避繁趋简入手，以最少的材料、构件组成最有效的传力通道，反之，如果结构组合复杂，感觉不到力的传递或力传递不合理，桥梁形态就会变得生硬而难于理解，如果再加上不必要的饰物，就会招致视觉混乱，削弱桥梁结构内在的动力感，使人产生心理上的迷惑和厌恶。力线明快是技术与美观的自然结合，在方案设计中，不能违背力学关系原则，如图 3-32（a）所示。

（2）轻巧纤细。结构的轻巧纤细是技术与艺术的完美结合，是现代桥梁设计的发展趋势，也是现代桥梁美学设计的着眼点。结构的轻巧纤细主要在于对桥梁主梁断面形状、梁高的视觉印象以及桥墩的体量等方面的处理上，如图 3-32（b）所示。

（3）连续流畅。桥梁建筑自身的功能是路的延伸、空间的延续，因此桥梁造型应通过连续流畅获得跨越感，从而体现其功能价值与富有生机、充满活力的美感。连续流畅主要指对桥梁进行正视时，水平方向呈直线或曲线延伸，从桥的一端连续流畅地达到彼端，如图 3-32（c）所示。

（a）简洁明快　　　　　　　（b）轻巧纤细　　　　　　　（c）连续流畅

图 3-32　桥梁造型设计

在营造连续流畅美感时应该考虑以下两点。

1）注意结构在视觉上的连续性：如主梁高度应尽可能保持一致，即使梁高有变化，也应尽量使其能自然和缓而不易被察觉。

2）尽可能利用檐梁来表现连续流畅美：桥梁的外侧面是首要考虑的景观元素，如果檐梁侧面及上下边缘线条贯通全桥，并利用色彩涂装形成"金边""饰带"，再衬托以光影，便可十分突出地表现平直或优美的桥面竖曲线，使桥梁显现出一种流畅生动感；并且应尽可能地使檐梁顺畅地达到桥梁最外端，避免庞大体量的桥台和长的翼墙将檐梁的线条从中间截断，以充分增强连续美的感染力。

2. 栏杆设计

栏杆的造型设计影响着桥梁的整体景观。栏杆的景观设计主要针对栏杆与望柱的造型、整体布局、连接配合、比例尺度以及栏杆与桥型和周围环境协调等，是集功能、强度、经济、美观为一体的综合构思。栏杆造型千变万化，在景观设计上要注意以下几点。

（1）栏杆的尺度。在对栏杆造型进行构图时，不仅要考虑各构件本身的几何形状和尺寸，还要注意它们组合之后是否具有美感，如立柱间隙大小及组成的图案空间是否美，虚实、凹凸、明暗、曲直搭配是否协调恰当。

（2）栏杆设计中的多样与统一。栏杆造型的变化还应避免琐碎和零乱。现代风格的栏杆设计通常采取简单明快的格调，但是在构成栏杆的各个构件及图案造型上是可以灵活多变的，统一与变化是相得益彰的，既要避免单调乏味，又要和谐统一，不可顾此失彼而伤害桥梁主体的大局。

（3）栏杆造型要与桥型相适应。栏杆造型要适应桥型的格调，应相对简洁明快，并能增加连续流畅的韵律感，避免杂乱、怪形或扭曲而分散高速行驶中的驾驶员的注意力，造成不安全因素。相反，城市中的各种人行桥或游览区的桥梁是人们经常驻足观赏的地方，则应精心设计，使其增加情趣感。

（4）栏杆造型与周围环境要协调。栏杆要与周围的一切自然景物和人工构筑物相协调，并与当地生活的人以及他们的风俗习惯、爱好、劳动性质等相和谐。根据公路等级和服务对象来决定桥梁形式和标准，根据桥梁形式和标准而选定栏杆形式。

3. 照明设计

桥梁景观中的照明设计包括普通照明和装饰照明，如图 3-33 所示。

图 3-33　厦门海沧大桥照明设计

（1）普通照明。为满足夜间行车需要而设置的普通照明设施多采用灯柱式构造，光源位置稍高以满足照明范围。其式样造型及配置位置可多种多样，但在景观设计上有以下要求。

1）必须保证桥梁与前后道路在视觉上的连续性。桥两端与前后道路照明的衔接要自然顺适，强调连续流畅感。一般应造型一致，等距布置，根据不同情况，间距为 5～10m，并应左右交叉配置。如是曲线梁桥，加密布置于曲线外侧，视线诱导效果更好。

2）照明灯柱造型与桥梁形态、规模及桥位环境等相协调，特别是当桥梁规模大、地域风格特征性强时应精心设计，这样才能提高桥梁整体景观效果。现代桥梁一般采用与时代相适应的简洁轻型的造型，以充分体现时代感，而对于有历史文化背景及古典式的桥梁应采用仿古式的、古朴凝重的、具有民族风格的造型灯柱，以营造一种文化氛围。

（2）装饰照明。

1）用光强调结构特征，表达桥梁建筑的风格。如在悬索桥主缆、拱桥的主拱圈上安置彩灯串，在夜空中能充分展现悬索桥主缆或主拱圈的优美曲线；在大梁的梁缘或盖梁端头设置灯串，不仅可勾画梁的竖曲线型或平直延伸的形态，还能诱导桥的跨越功能及路的连续流畅感；对长大悬索桥及斜拉桥的主塔、索面、锚锭等，一般通过反射光的投射，能使主塔更挺拔壮观，使索面在夜空中如梦幻般轻薄透明如纱，使锚锭轻浮水面，如果加上对大梁底面的投射，它们在水面上形成的倒影可使桥梁整体形态在夜空中鲜明、生动，与背景中的城市灯光或其他夜间照明相映成辉，构成如诗如画的夜间景观。

2）利用光效果改善桥梁建筑外观，扬长避短。例如，可利用投射光强弱的变化及明暗分布来改善锚锭体量大、较笨重的视觉效果。

3）装饰照明中的光照度与光色彩要有助于表达主题，光面色彩变化要柔和协调，给人以舒适感。同时还要根据季节和时间的变体进行相应的调整，如：冬季多采用暖色光，而夏季多采用冷色光；黄昏至夜晚，照明对象应全面，光照度要强，而到了深夜，车辆及行人不多，则可减少照明要素及降低照光度以节约能源。

4. 桥头公园

桥头公园是桥梁景观设计的重要组成部分，是按照景观设计的要求对桥位周边环境进行的景观塑造和环境资源的开发利用。桥梁景观中"景"与"观"的关系在桥梁与桥头公园二者之间得到了充分的体现。桥头公园的一个重要作用是最大限度地展示桥梁主体结构艺术造型的美感效应和艺术魅力，即"观"，所以在公园内必须充分利用地形地物，设计若干可以从多角度、全方位摄取桥梁艺术魅力的视场。同时桥头公园作为"景"，可提供桥上、桥下的人进行观赏。对于那些较长的大型桥梁，桥头公园可以以一种系列的形式出现。

5. 铺装

铺装景观是桥梁景观底界面中"第二层次轮廓线"中的重要组成部分。它从环境艺术角度出发，顺应了现代城市建设需要和市民休闲活动需求。对景观铺装材料的基本技术要求：既要满足车辆通行和行人步行的功能性要求，又要满足色彩、图案、表面质感等装饰特性的要求，同时还必须考虑造价及施工与维护的难易程度。在选择使用景观铺装材料时，除了需要根据景观铺装设计原则选择材料、搭配色彩、构筑图案外，还必须注意砌块尺寸、砌缝宽度和铺装总体尺度的搭配关系，这样才能更加有效地使用这些材料。

3.6.5　隧道景观

在设计隧道时，要使隧道口的形状成为没有压迫感的外部景观。隧道口周边的换气口、配电室等设施及周边绿化均要考虑景观上的协调。

1. 隧道洞口景观设计的基本原则

隧道洞口所涉及的范围包括洞口趋近段、洞门、入口段的边仰坡等。隧道洞口景观设计除了要遵循形式美的基本原则外，还必须考虑安全、环境及其损伤的恢复、与周边环境的协调，以及与路段整体风格的协调。隧道洞口景观设计应遵循以下原则。

（1）安全性原则。应将洞口的结构安全与交通安全放在首位，不能因为景观而影响了隧道的主要交通功能。在洞门形式的选择上，应结合地质条件，确定合适的洞门。从交通安全角度考虑，应重视隧道内外饰面的形式、材质、色彩、绿化等，同时，也要进行警示提示设计，如在变化的隧道前区中央分隔带改变种植形式及改变路面色彩等。基于安全考虑，高速公路隧道洞门饰面不宜过于丰富而吸引视线，应将驾驶员的视线重心引至隧道洞门外，确保行车安全。

（2）整体协调性原则。周边环境与隧道构筑物共同组成了隧道洞口景观，应将趋近段、洞门、入口段的边仰坡、两洞间的关系等作为整体进行统筹考虑。洞门饰面材质、色调，植物选择、配置模式以及相邻洞门的形式都应与周边地形、地貌、生态特征以及其他自然和人文景观协调，构筑和谐统一的景观画面，使隧道洞口景观融入当地环境。

（3）保护生态环境原则。在满足洞口稳定的前提下，切实保护原有生态环境，减少并有效恢复工程创面。在洞门形式上，尽量选择对环境破坏小的明洞式洞门；在洞口开挖工艺上，多采用先进的前置式工法；对洞口趋近段的原有植被应切实保护；对工程形成的创面及被破坏的植被，应采取有效措施加以恢复。

（4）舒适性原则。若隧道出入口的明暗光线对比强烈，极易引起视觉的不适应。应通过隧道洞口的景观设计，达到缓解驾驶员心理紧张情绪的目的。如对大面积的端墙式或洞门仰坡边坡，可采取绿化、分隔、饰面处理等措施，减少洞门带来的视觉压抑感。

2. 隧道景观设计方法

在总体设计方法上，隧道景观设计应采用化整为零、化直为曲、化硬为软的方法。

- 化整为零：如对高差较大的台地，可分成多阶挡墙，中间设平台绿化，通过绿化手段软化端墙面的硬质效果。
- 化直为曲：曲线给人以舒美的感觉，在一些特殊场合，可根据地势走向，将端墙设计为曲线或折线。
- 化硬为软：混凝土或石质砌体在视觉上给人生硬、压抑之感，可在立面上进行绿化处理，采用不同材质对比等方法，改善原有景观效果。

下面以端墙式洞门和明洞式洞门为例进行说明。

（1）端墙式洞门。端墙应力求简洁、美观，尽量减小端墙体重，避免出现压抑的高大端墙。从造型上可通过对端墙进行分割、材质对比、色彩对比、色彩弱化、仿自然石饰面等措施，减小端墙的视觉尺度，如图 3-34 所示。

（a）通过塑石对端墙进行分割　　　　　　　（b）通过改变材料减少端墙视觉尺度

图 3-34　端墙尺度设计

肌理是材料的表面属性，它的变化主要体现在粗细、坚柔及纹理之间。多数端墙因采用混凝土墙面，面积比较大，亮度高，对驾驶人员心理有威逼感，可通过表面肌理的改变来减少亮度和视觉面积。一方面可以利用材料本身的特点来谋求肌理变化，另一方面也可以用人工的方法来"创造"某种特殊的肌理效果。普通凿毛是最简单的处理措施，但单调；壁画装饰给人复杂的印象；横槽和竖槽的处理方法简洁大方，比较适宜。图 3-35 所示为端墙肌理的景观设计样例。

（a）材质变化改变肌理及减少视觉尺度　　　　　（b）韩国隧道端墙采用的横槽处理

（c）欧洲隧道的端墙处理

图 3-35　端墙肌理的景观设计

端墙式洞门最常用的色彩是材料的本色，如混凝土的青灰色、毛石的自然色泽、砖本身的色彩等。一般来说，色彩的使用宜单纯，宜控制在两种以内，不应采用纯度高的明亮色，避免视觉上的突兀感。在局部，如突出部的环框可采用强调色，利用色彩突出洞口的宽大感，引导车辆的进入，提高交通的安全性，如图 3-36 所示。

图 3-36　隧道洞门材料的自然色

（2）明洞式洞门。明洞式洞门虽然简单，但也可营造成不同的形式，应结合场地条件加以选择。削竹式洞门简洁大方，直切式或直切翻沿式洞门活泼且具有一定的防碎落功能，喇叭式洞门接纳感强，棚洞式洞门能消除厚重的大体积混凝土给人的压抑感和空间上的隔阂且具有防碎落功能，倒喇叭式洞门适用于洞口场地狭窄或桥隧相接位置，也具有防碎落功能。图 3-37 所示为不同形式的明洞式洞门样例。

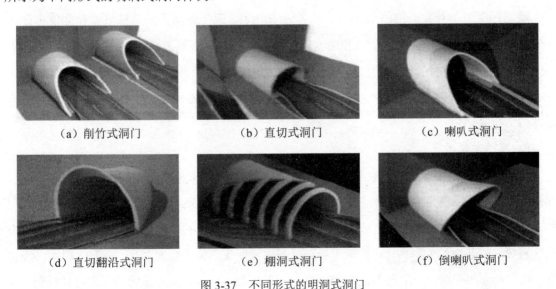

（a）削竹式洞门　　　　　　（b）直切式洞门　　　　　　（c）喇叭式洞门

（d）直切翻沿式洞门　　　　（e）棚洞式洞门　　　　　　（f）倒喇叭式洞门

图 3-37　不同形式的明洞式洞门

3. 隧道口的设计

隧道口的设计要注意与周围山体的关系及与景观的协调性。对于长隧道，从设计开始就要对在隧道口周边设置的换气口、配电室等设施进行整体研究。从驾驶员视觉来考虑，人工构造物在隧道断面边缘处以露出为好，一般应在隧道口石壁上作画写字，要免破坏自然景观。

图 3-38 所示为厦门海沧隧道洞口。该隧道洞口在景观处理上充分体现了因地制宜的设计原则，尽量恢复了其原有植被栽植，不仅可保持水土，稳定边坡，而且使洞门周围景观和谐、自然。隧道名称标于洞门广场的独立石块上，字体清晰醒目，不仅提供了必要的信息，也给用路者留下了深刻印象。对于洞口广场的绿化，根据其特有的地形、气候、土壤条件以及不同植物对环境条件的不同要求选取树种，色彩搭配与空间平衡均能因地制宜，各得其所，充分发挥绿化植物改善、保护美化环境的功能，使隧道洞口成为一道靓丽的风景。

图 3-38　厦门海沧隧道洞口

4. 隧道口周边的设计

隧道施工中，若要开挖隧道口背后和周边的山地，应把开挖后的自然恢复作为前提来选择施工方法，并应设法掩饰混凝土和边坡工程框架，对突出形隧道口要抑制填土。

5. 隧道内部空间设计

良好的隧道内部空间设计，应综合考虑照明、通风等设备的设计，保证安全驾驶，给人以宽敞明亮的感觉。

6. 隧道景观的色彩设计

良好的色彩配置将给隧道景观设计带来"点石成金"的效果。由于隧道所应用的材质以混凝土为主，其颜色为混凝土本身的浅灰色，给人压抑感，因此，必须进行隧道内饰与外观色彩的创造。在隧道内饰设计中，色彩宜采用柔和色，而非刺眼的俗艳色。内饰应采用微泛蓝青色的珍珠白或其他白色彩种，这样既不会降低洞内照明度，又不会太刺眼。在配合周围环境进行洞门的色彩设计时，一般自然色调比混凝土固有的浅灰色好，因此基色应采用近自然色，比如植被丰富处采用浅灰绿色，黄土裸露处采用赭色、红棕色等，使用矿物颜料可获得天然暖色调并可与周围环境相结合，如赭色、浅棕色、深棕红色、浅灰绿色、暗蓝灰色等，而一些明度较高的粉色洞门装饰能起到一些提示作用。

7. 隧道洞口绿化

洞口环境绿化包括洞顶绿化、趋近段的洞间山体或场地绿化、隧道边仰坡绿化等。除保护和改善生态环境外，通过绿化还可以起到协调洞门周边及工程结构物景观、减少交通隐患、利于边仰坡稳定以及防止和减少洞间的尾气回流等作用。

对隧道口边坡及仰坡的绿化、趋近段洞间与前区的绿化可分别采取以下措施。

（1）隧道口边坡及仰坡的绿化。作为典型的"面"的元素，隧道口边坡及仰坡的主要绿化方法是"破"，将大化小，降低"面"的单调、呆板及压迫感。

对洞门端墙及洞口两侧的混凝土面或浆砌片石墙面来说，其面积较大且坡度往往很陡，直接在上面进行绿化难度很大，并且从强调引导视觉的角度来看，也不宜用绿化植物将其全部覆盖，可栽植攀缘性和垂吊性植物，对端墙进行垂直绿化。

明洞式洞门可供绿化的面积比较大，多采用植草绿化和灌木绿化。植物颜色的选择应"下深上浅"，减少洞门内外亮度差，缓和黑洞效应，同时也可提升整个绿化的层次感。隧道口边坡及仰坡的绿化，可根据不同的地形，采用合适的绿化方法。图 3-39 所示为某高速公路隧道洞口绿化方案示意。

乔木
（于山体自然坡上，土质等条件允许种植）

灌木
（于山体自然坡与开挖坡交界，水沟以上，坡度为 1:1~1:5，有人工影响，种植灌木加以固坡）

地被及植草
（水沟上部坡度较大且已有人工固坡，只能种植地被或植草；另外，可种植灌木以增加景观及进行固坡）

图 3-39 某高速公路隧道洞口绿化方案示意

（2）趋近段洞间与前区的绿化。洞间山体的处理是洞门景观的重要部分。可根据不同的情况，采用合理的措施回填洞间山体，使之与其后山势协调，并与前区段统一设计，自然种植植物群落，使洞门呈现更加自然的生态，同时也可阻挡两洞间尾气回流。

良好的绿化可以把隧道和周围的环境融合在一起，给驾乘人员以美的享受。针对高速公路的具体自然环境，可以在洞前区域绿化设计中加入一些区域特有的物种造型，以呈现区域标识。植物配置应模仿自然群落，与洞口建筑、边坡绿化、山石融为一体，体现清晰的自然美，如图 3-40 所示。

图 3-40　某高速公路隧道绿化效果图

为减缓隧道洞口光线变化和尾气回流，植物栽种应注重明暗过渡，靠近出入口处可采用高大乔木进行绿化，并减小树木的栽种间距，直到与路段正常株距相同，以使亮度逐渐过渡，提高驾乘人员的视觉适应性。表 3-5 给出了常见隧道洞口绿化方法。

表 3-5　隧道洞口绿化方法

类型	洞口绿化方法
削竹式洞门	力求恢复生态，与周边环境融合，减少构筑物生硬感
端墙式洞门	与端墙景观配合，或烘托，或掩映，或开敞，形成统一和谐美观的景致
周边植被茂密	适当加大种植量，与周边植被良好过渡，使隧道仰坡、坡度呈现自然的生态
周边植被稀疏	减少种植量，适当栽植灌木，与周边环境协调
小间距隧道	前区种植以烘托洞门景观为主，简洁为宜
大间距隧道	前区种植采用自然式，若洞间有山体地形应予以保留或延伸，使其自然
错开使隧道	注重洞间边坡处理，有种植条件的应进地适当绿化

3.6.6　服务区景观

　　要确保服务区等临时停车休息场所有开放的空间和良好的风景。其设施不仅要美丽、简约、质朴，还应作为整体来协调设计。在休息场所，绿化为改善环境、提高景观效果发挥了很大作用，因此，应把绿化作为服务区景观的设计重点。绿化不仅要具有景观功能，还应与周围环境协调统一。由于服务区必须占用一定数量的建设用地，因此在开始规划设计时，首先必须选择可以规划出优美舒适设施的合适场地；其次，应重点注意休息场所与高速公路主交通线的隔离，使人们在休息时具有安全感，可采用绿化分隔，或把服务区布置在与主线路面不同高程的台地上，还到隔离的目的；同时，在地点选择上，尽可能利用废弃地或低产田，或利用取（弃）土场，减少土地占用，保护生态环境。图 3-41 所示为服务区景观样例。

图 3-41　服务区景观样例

1. 服务区景观设计要点

　　（1）服务区选址与规划。服务区选址受自然环境条件（水资源、电源、地形、地质等）、沿线城镇分布、交通条件、修建、养护管理等方面的因素影响。从景观角度考虑，高速公路服务区应选择包括征地容易、地势平坦、施工便利、造景容易的地方。

高速公路服务区承担着停车、餐饮、景观等诸多功能，在进行服务区设计与景观规划过程中，应对服务区进行功能和景观分区。图 3-42 所示为某高速公路服务区的分区图。其将服务区分为地域文化展示区、服务楼、庭院休闲区、停车区、绿化隔离区、工程建设展示区 6 大区块，以协调功能与景观的关系。图 3-43 和图 3-44 为某高速公路服务区景观规划鸟瞰图。其设计风格以简洁、生态为主基调，实现了与周围自然环境的融合。

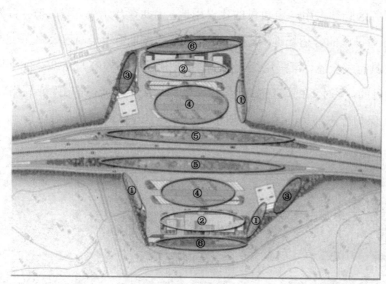

①地域文化展示区
②服务楼区
③庭院休闲区
④停车区
⑤绿化隔离区
⑥工程建设展示区

图 3-42　某高速公路服务区的分区图

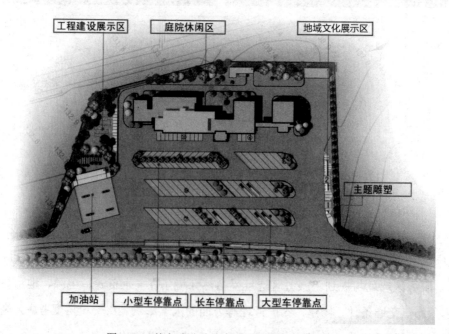

图 3-43　某高速公路服务区景观规划鸟瞰图 1

图 3-44　某高速公路服务区景观规划鸟瞰图 2

（2）服务区的功能建筑。建筑空间过于狭窄会使人产生压抑、沉闷的感觉，过于空旷又会使人产生渺茫、失落的感觉。因此，建筑的尺度和规模都应与外部空间环境相协调，无论是外形还是颜色搭配上，建筑体量设计都应产生较强的视觉冲击力。

2. 高速公路服务区建筑设计方案

（1）服务区停车场景观设计。停车场的景观设计主要强调通行顺畅、集散车辆高效、标线清晰、标牌信息简洁易懂。在停车场景观设计中应进行交通功能的规划，合理安排大小车的停车位置。图 3-45 所示为某服务区交通分析图。其对机动车路线、管理人员人流线、游览路线进行了合理分析，有利于景观规划与设计。

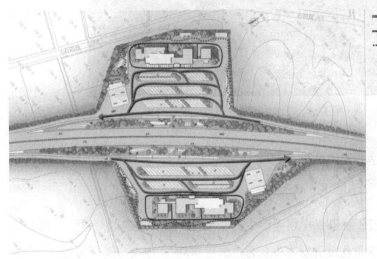

　　▬▬▬ 机动车路线
　　▬▬▬ 管理人员人流线
　　……… 游览路线

图 3-45　某服务区交通分析图

（2）服务区天桥、涵洞。服务区天桥、涵洞的主要功能是将服务区内部联系起来，增强服务区空间环境的整体性。其景观效果主要强调与高速公路边坡的衔接及协调性。天桥景观主要体现在桥梁的造型、颜色设计上，应与服务区整体布局空间环境相容。涵洞口线形采用圆滑线的形式进行衔接，在增强行驶安全性的同时可以减小构筑物的生硬感。

（3）匝道出入口。匝道布设应保证视觉空间的通视性，路面标线要清晰且容易辨认。标识牌、指示牌的位置布设整齐。杂乱无章的布设会使驾驶员难以获取道路信息，危及交通安全，故要避免。

（4）服务区休息区。服务区内的休息区是展示高速公路沿线城镇特点、历史文化、人文风情的场所，可以在此设置观景台、喷泉、雕塑、园艺等，以增加趣味性，缓解驾乘人员的疲劳，增加休息区的文化气息。

3. 服务区内的植物景观

停车场内的植物景观应保证视觉空间的通视性，主要种植草皮。停车场周围可种植乔木、小灌木，为车辆庇荫的同时可减少对周边环境的干扰。休息区及服务区综合楼前可种植高大乔木作为绿化屏障，营造良好的休息和工作空间；绿化屏障内部采用草坪、小灌木和花卉搭配种植，体现季相、保证常绿，营造一个舒适、优美的景观环境。图 3-46 为某服务区绿化及庭院景观图。

图 3-46　某服务区绿化及庭院景观设计

3.6.7　二级景观分区要素设计

1. 属性分析

二级景观分区在高速公路景观规划设计中的重要性不及一级景观分区。一级景观分区要素多为"点式景观"，二级景观分区要素中包含"线性景观"（中央分隔带）。"点式景观"是道路景观的亮点所在，而高速公路沿线较长走廊带不具有韵律节奏和变化特征的"线性景观"有时会使人产生枯燥感。

二级景观的属性是，景观效果一般，并且景观要素的后期养护管理工作较难。因此，二级景观分区应根据不同的地域特征，设计具有节奏韵律的线性景观，尽量避免一成不变的设计方法，营造具有较强美感度的景观效果。可采取的设计方法有：景观布局形式采用对称平衡的表现方法，以使道路沿线的景观节点达到部分与整体的平衡；色彩基调可以选择柔和色调，避免整条高速公路景观走廊带都是亮色调，纷繁复杂，容易使驾驶员眼花缭乱，产生紧张情绪；景观的韵律和节奏应采取渐变柔和的韵律，将道路使用者由一个景观带逐渐引向另一个景观带。

二级景观分区的景观要素养护工作较难，人工、机械费用较高，因此在设计时尽量选择景观效果好但是容易养护和管理的景观设施。例如根据地域特征，选择适生、耐旱、耐寒以及易于管护的物种，每年修剪的频次相对较少但是有较好的景观保持效果。

（1）由于高速公路车辆的快速行驶，跨线桥、中央分隔带以及护栏造景在高速公路景观中不易产生特色，但是其营造出的景观效果易于保养和维护，所以将其划分在二级景观分区。

（2）低路堤、路堑边坡的造景容易、施工便利、绿化和后期养护都相对容易，经济适用性强，并可以产生良好的景观效果，所以将其划分在二级景观分区。

2. 跨线桥景观

高速公路跨线桥在缓和干道与城市中心的交通压力中起到非常重要的作用。通过景观设计，可使跨线桥在高速公路走廊带中更加醒目。根据跨线桥的适用性、安全性要求，应遵循美学与技术统一、美学为技术服务的原则。

作为审美客体，跨线桥的美学设计需通过人这个主体来实现，而且桥梁的建筑特征赋予人们对跨线桥美感的直观性。桥梁整体造型的大小、高低、长短、厚薄等尺度比例应相互协调；桥位处的自然景观、人工建筑应共同协调，融合于视觉空间，构成整体景观；景观营造应大方、简洁、易于维护。图 3-47 所示为不宜采用的桥型。

跨线桥的景观设计应遵循科学发展观要求，贯彻"以人为本、桥与自然和谐、可持续发展"的原则。跨线桥景观设计的基本原则可以归纳为以下几点。

（1）安全、适用、美观、经济的原则。此原则是所有桥梁设计的总体原则，跨线桥也应按照此原则进行设计。安全性和适用性是最基本的要求，利用现代化的辅助设计手段完全可以实现。美观性和经济性在本质上并不矛盾，多数情况下只要进行合理的规划和设计，就能同时满足美观和经济的要求。但是，跨线桥的荷载等级较低，投资比例小，其他方面的要求较高，对景观的贡献大，当经济与美观出现矛盾时，通常以美观为主。在跨高速公路分离式立交设计中应重视美学设计，使桥成为美学与技术的统一体。但在这里我们强调，安全性是道路景观设计考虑的第一要素，在设计的强制性条文的指导下，应充分考虑道路景观设计中的安全视距，满足行道树与道路要有足够的净空等要求。

图 3-47　破坏了周边美丽、自然景色的呆板桥型样例

（2）线形连续性原则。线形连续性是指线形的连续、流畅，这是跨线桥线形美学的重要标准，主要包括平、纵、横各方面的连续性以及各元素之间的协调统一。跨高速公路分离式立交桥的平、纵线形和横断面要与路线一致，防止突然变化产生视觉中断，应注意使线形顺适、自然，从而保证视觉的连续性和流动性，给人以流畅的美感。另外，应注意高速公路跨线桥与道路以及周围环境的相互协调。跨线桥是自然景观中的一道人工景观，要尽量和周围环境浑然一体。

（3）观赏的视觉多样性原则。视觉多样性是指不同的特性、丰富的变化，给人多方位、多角度的美感。在跨线桥设计中，当各种不同属性构件相结合时，结构呈现多样性的特点；当各种各样的线条、图形相组合时，设计图案呈现多样性；当以不同角度观赏时，视觉感受呈现多样性。丰富多彩的多样性，造就了跨线桥景观的设计美。

（4）景观设计的统一性原则。统一性是指跨线桥整体与局部之间的关系要协调，避免孤立分散。统一性主要包括以下几个方面。

● 结构体系的统一。上、下部结构与附属设施等形成协调配套。

● 避免出现不协调的跳跃。

● 主体与附属设施的统一。附属结构会直接影响跨线桥的美感，如跨线桥的护栏，它除了具有安全防护的功能外，还应具备良好的景观效果。

● 色彩的统一。色彩应和谐，明度、色泽、冷暖感、轻重感要搭配得当，要正确选择主要色彩并正确运用色彩对比，体现出独特的风格。

（5）环境协调性原则。高速公路跨线桥固定于一个地点，与桥位处的自然景观及附近的人工建筑一起处在人们的生活空间里，构成整体景观。因此，其景观设计首先要考虑桥与周围环境的协调一致，应因地制宜，减少对自然环境的破坏，要结合原有地形地貌，避免大填大挖，使道路与周围环境相融合，避免将生态环境空间或视觉景观空间割断。

（6）可持续原则。高速公路跨线桥景观设计的可持续性可以认为是自然与景观关系的协调性在时间上的拓展，这种协调性不仅应建立在满足人们的基本观赏需要和维持自然景观生态整体性之上，而且景观设计应与本区域的自然特征和经济发展相适应，谋求生态、社会、区域、经济的协调与同步发展。

（7）可观赏性和识别性原则。进行跨线桥景观设计时要强调地方特色，尤其在城市近郊，当要求跨线桥成为地标式建筑时，要形成有特色的空间；在设计上应确定统一的主题，在风格、造型、色彩规模等方面应有所变化，使沿途景观富有节奏韵律，有基调有高潮，统一中求变化，变化中谋统一。

（8）舒适性和便利性原则。该原则是为了充分考虑驾乘人员的交通心理要求和视觉效果要求。在跨线桥景观设计时，要充分考虑视觉空间大小、安全设施的色彩及大小、道路感觉的多样性、视觉导向和视觉连续性等交通心理因素。驾驶员在行车过程中注视点远、视野狭小，因此要求沿途的景观必须大尺度、大色调、流线型，同时要比例协调。

3. 跨线桥选型原则

从满足功能而言，高速公路上的跨线桥是工程结构物，就人们观赏和行车视觉舒适要求而言，它却是一件艺术品。因此，跨线桥景观设计应体现人、景观、环境三者之间的关系。跨线桥并不是单独存在于环境之中的个体，而是与当地的自然景观、城市景观相伴而生，因此，跨线桥的景观设计应以景观设计为主体进行艺术创造实践，追求以科学发展观为指导，最大限度地发挥桥梁与桥位周边环境的审美价值和资源功能，实现建桥与环境可持续、和谐发展的目标。

桥梁景观设计不能影响和降低桥梁结构的使用功能（包括行车、路线的顺畅等）和使用寿命，应力求做到结构合理、方便施工、节省投资等要求，在造型设计上应尽量满足以下几个要求。

（1）主体结构受力合理，形式优雅，上下部结构的高度、宽度及跨径有良好的三维比例，线条简洁明快有力，给人以安全感、舒适感和美感。

（2）立交结构的布置必须考虑给驾驶员以最小的视觉限制，立交桥的柱、墩、台、墙等都应与行车道边线保持适当的距离，避免因视觉原因造成碰撞事故。

（3）立交结构造型应当与沿线建筑物的高低、形式及色彩等相协调，并注意建桥地区的环境和空间特征，采用的栏杆形式也应结合整个结构体系的造型、周围环境等进行选择。

高速公路跨线桥的桥型选择也应该结合当地地形、底物及周围环境等进行。如在填挖方高度很小的地区，如孤峰平原地区，跨线桥桥型结构应以连续梁、无梁板等结构为宜。跨线桥桥梁的上部结构应力求造得纤细，也可以恰当地设计桥梁的横断面，如桥面翼缘板悬伸、设置外斜腹板等来增强桥梁的纤细感。桥梁的下部结构可以采用独柱墩或双柱墩的形式。墩柱相对上部结构梁要粗厚一些，以抵抗事故车辆等外力的撞击。另外，粗厚的墩柱也增加了上部结构的纤细感，但横跨桥梁的墩柱设置不应多于 4 根，图 3-48 所示即为跨线桥墩柱设置过多的例子。如果对桥梁宽度有一定要求，可以采用镂空的实体墩，实体墩的厚度与上部结构的主要部分宽度相同。对于典型的河谷地区，线路多为挖方，则在桥型选择上可以多考虑拱桥、斜腿桥等结构。其拱圈从路堑的斜坡起拱，跨越整个高速公路路宽，能给人以自然协调之感，如图 3-49 所示。另外，在跨线桥的结构设计上，应从上部结构、下部结构及辅助设施等几个方面综合考虑，以达到最大限度凸显高速公路跨线桥的景观效果。

图 3-48　跨线桥墩柱设置过多的例子

图 3-49　较好的跨线桥桥型

4. 跨线桥上部结构形式与景观效果

（1）梁式桥。梁式桥（图 3-50）是一种竖向荷载作用下无水平反力的结构体系，结构简单，施工方便，对地基的承载能力要求也不是很高，因此，梁式桥在高速公路建设中得到了广泛的应用。

图 3-50 梁式桥景观

梁式桥布设为高速公路跨线桥时,应充分考虑驾乘人员的视觉和心理上的美感,避免给驾乘人员带来压抑或不安全感。可以通过取消中墩、选择简洁的桥墩、增大桥下净空、降低建筑高度等一系列措施来达到理想的效果。

通常立交桥上部结构宜采用四孔连续梁,边跨长度一般是中跨长度的 0.7～0.8 倍,这种比例与边跨和中跨的最大弯矩接近,使结构的整体受力均匀,方便结构的预应力束的布置。另外,采用上部结构为连续梁的另一个优点是建筑高度小,可以不设墩冒,整个桥身不设伸缩缝,桥的外形轮廓清晰流畅,这样桥就显得结构轻巧、美观。边孔不但能满足锥坡的放坡,还能使驾驶员视野开阔,给人以舒适感。

梁式桥是一种比较实用、经济、简洁、朴素的桥型。其承重结构为"梁",受力明确,构造简单,平坦,具有很强的沿水平方向伸展的力动感和穿越感。均衡的桥墩间距重复排列以获得整齐划一、简洁明快、连续流畅的美感。在景观设计时,应使桥梁产生的美感与周围的环境相融合形成复合景观,将桥有机地融入高速公路当中。

在桥梁的涂装过程中,桥梁色彩宜简洁而又有变化,但主色调要以冷色为主,突出桥梁稳定、宁静、安全的特点,与周围环境协调一致,让驾乘人员感觉不到人为雕琢的痕迹,且又不产生行车的不安全紧张感。

(2)拱式桥。拱式桥是桥梁史上应用最早也是应用最广泛的一种桥梁体系结构。它能给人一种强劲的力度感,加之本身就具有优美的曲线美,尤其是在风景优美的山岭河谷地区,能给本来就很优美的自然风景添上一道更加靓丽的人造景观,达到画龙点睛之效。但设计拱式跨线桥时一定要多考虑周边景观、桥台的形式及造型、挖方边坡的坡面景观设计等,统筹规划,以达到最佳的视觉效果,如图 3-51 所示。

在进行造型设计时,应充分利用拱桥特性及圆曲线、抛物线等曲线的柔性。由多个规则曲线或曲面组成的多跨连拱可形成富有节奏和韵律特性的拱桥,凸显其生动活泼和曲线的优美,使高速公路具有跳跃、奔放、飘逸的动感。

图 3-51　横跨高速公路上的美丽拱桥

　　拱式结构跨线桥主要由规则的且富有感染力和诱惑力的曲线或曲面元素组成，设计时要考虑给驾乘人员在视觉印象和审美情感上留下丰富的空间：跨线桥的整体结构应连续流畅、圆滑平和、柔软而富有弹性，具有极强的视觉诱惑力，并能引发温柔亲切、自然和谐、优美舒畅等情感效应，同时又蕴藏稳定刚强、坚固耐久、柔中带刚、充满飘逸自信等丰富内涵。

　　（3）钢构桥。钢构桥是一种承重结构的梁和支承结构的墩柱整体固结，在梁和柱的结合处具有很大的刚性。由于桥跨结构和墩台刚性连接，将在主梁端部产生负弯矩，并传递给墩台，因而桥梁整体性更强，形态简洁，力线明确，更富力动感和轻快感；桥下净空大，视野开阔。主梁在纵向可做成等高度和变高度两种形式。变高度梁底缘形状可以设计为曲线形、直线型、曲线和直线组合形式等。高速公路对净空的要求比较严格，而钢构桥的外观纤细，桥下净空大，造价经济，因此，选择合适的钢构桥作为高速公路的跨线桥是一个不错的选择。图 3-52 所示为不同形式的钢构桥。

（a）三跨变截面 T 形钢构桥　　　　　　　　　　　　（b）门形钢构桥

图 3-52　不同形式的钢构桥

（c）斜腿钢构桥 　　　　　　　　　　　　（d）无桥台斜腿钢构桥

图 3-52　不同形式的钢构桥（续图）

钢构桥在设计上应做到与主线或者支线线性顺适、自然衔接，从而保证视觉的连续性和流动感，给人一种顺畅的感觉，使跨越高速公路的钢构桥与周围环境浑然一体。另外，钢构跨线桥在造型设计上可以较多考虑多样性原则，避免在一条高速公路上连续使用同一造型而造成视觉麻痹。在同一条高速公路上，不同类型的钢构桥应给驾乘人员以丰富变化的多方位、多角度美感。在设计钢构桥过程中，当考虑各种不同的构件、属性相结合时，会产生各种各样的线条、图形结构，可以说是千变万化；当以不同角度观赏时，能给人视觉多样性之感，造就立交桥的景观设计美。但要注意跨线桥和各方面之间的关系要协调统一，避免孤立分散。比如，要与高速公路主体统一；跨线桥上、下部结构及附属设施等要统一；色彩要统一，在运用色彩对比时应突出主体，使之凸显独特的风格；另外，还要避免出现不和谐的跳跃，应与周围环境融合、协调统一。

（4）斜拉桥。斜拉桥又称斜张桥，是将主梁用许多拉索直接拉在桥塔上的一种桥梁，是由承压的塔、受拉的索和承弯的梁体组合起来的一种结构体系。斜拉桥由于其具有卓越的跨越能力和高耸的塔索，宏伟壮观，富有冲击力、震撼力和标志效应等审美特点。斜拉桥的塔形对整个斜拉桥造型影响很大，其高耸挺拔的风姿引人注目。塔的不同造型和塔索的不同布置可形成不同的桥式风格。另外，桥塔自身蕴藏着力的紧张感，显示出一种向高空伸展的动势，可引发观赏者进入更高的境界。在造型设计上，在突出个性的基础上，其结构应尽可能地给人以简洁大方的形象，颜色选择上应尽可能选用比较鲜艳的颜色，或者以某一鲜艳色调为主基调色，中间可夹杂其他较暗淡些的色彩，如图 3-53 所示。

5．桥墩景观设计要点

桥墩是跨线桥中很重要的组成部分，必须能够很有效地将跨线桥上部结构及其所受外力传递到基础。在桥墩设计中，需考虑来自事故车辆碰撞所带来的偶然横向作用力作用，还必须考虑与跨线桥上部结构及周围环境相协调等。此外，由于桥墩比跨线桥上部结构更靠近人的视点，桥墩的形状、体型、表面处理及附属物等都形成高速公路主要的景观要素，故在设计上也应认真考虑。

在桥墩景观设计上，应注意以下几点。

（1）作为桥梁下部结构的重要构造，桥墩必须与上部结构相互配合，以达到整个跨线桥外形景观在整体上的协调一致。比如，当跨线桥上部构造相对高大时，若采用比较纤细的桥墩，将显得头重足轻，给人一种不够稳定的感觉；相反，当跨线桥上部结构相对单薄时，若采用十分厚硕的重力式桥墩，又将给人笨拙的感觉；等等。

（2）尽可能减小跨线桥桥下压抑感，提高跨线桥桥下的视野通透性。例如，可将较宽的实体薄壁墩设计成分块式薄壁墩或者变截面的桥墩；另外，应适当考虑减少跨线桥下桥墩的数量，尽量不要超过 3 个墩柱；可能的情况下，尽量不要设计成 V 形墩或 Y 形桥墩，以尽可能少地阻挡驾乘人员的视线，增大视野宽度。图 3-54 所示为不同形式的桥墩样例。

图 3-53　斜拉桥景观效果图

（a）墩宽与上部构造完全等宽的实体薄壁墩　　（c）为了提高通透性而设计的分块式薄壁墩

图 3-54　不同形式的桥墩

（b）盖梁形式桥墩　　　　　　　　　　（d）薄壁式变截面墩

图 3-54　不同形式的桥墩（续图）

（3）在桥墩本身装饰上尽可能地不要耗用很多资金去追求华丽的外表（单纯追求桥墩外表的华丽既不应该也没必要），但是可以采取简易的措施对其进行适当美化，如在桥墩表面上设置一条或多条凹缝等，这样既可克服桥墩表面的单纯平淡，又能给人以新颖的感觉。另外，可以在位于中分分隔带上的桥墩上涂上黄黑相间线条以达到提醒作用。

6. 桥台的景观设计要点

就目前而言，桥台主要有重力式桥台、埋置式桥台、轻型桥台、排架桩式桥台、组合式桥台等，如图 3-55 所示。

重力式桥台构造简单，但台身较高时工程量较大，一般用于桥梁跨度较小的低矮桥台；埋置式桥台由于台身短、工程量较小等优点，适用于桥梁跨度较大和填土较高的桥台；轻型桥台一般由钢筋混凝土材料建造，其特点是用这种结构的抗弯能力来减少圬工体积而使桥台轻型化；排架桩式桥台一般为双柱式桥台，当桥跨度较宽时，为减少台帽跨度，可采用多柱式，或直接在桩上面建造台帽；为使桥台轻型化，由桥台本身承受桥跨结构传来的竖向力和水平力，而台后的土压力则由其他桥跨结构来承受，这样就形成了组合式桥台，组合式桥台由直接承受来自桥跨结构的垂直力和水平力的前部台身，及承受台后土压力的后部结构两部分组成，在中等跨径的跨线桥或拱桥中常有应用。

在桥台设计中，应尽可能使桥台与桥梁上部结构相协调，并与桥台地基周围环境相融合，从而创造优美的环境景观并增加桥梁下部空间视野宽度，尽量减小桥台的体积、削弱桥台的存在感。具体可以采取将桥台后退的方式使桥台变小，或者直接改变桥台的形状，将台前垂直的形式改为倾斜式等方法，这样既可以削弱桥台的存在感，又能增大桥下视野宽度。

（a）重力式桥台

（b）埋置式桥台

（c）轻型桥台

（d）排架桩式桥台

（e）组合式桥台

图 3-55　不同形式的桥台

3.6.8　边坡景观设计要点

1. 边坡景观设计的基本要求与原则

在高速公路工程建设当中，由于大量的填方、挖方，形成大量裸露的边坡，给道路带来水土流失、泥石流、滑坡等自然灾害。因此，对边坡进行工程防护，是增强路基稳定性、保障行车安全、减少生态灾害的必不缺少的措施；同时结合工程防护、植物防护，进行有计划的边坡植物搭配、景观造景，还可美化道路环境，消除道路使用者视觉疲劳，提高边坡景观欣赏度。

高速公路边坡造景必须以稳定性和安全性为基础，尽量减少土地扰动和破坏，要因地制宜，体现高速公路不同走廊带的地域风格，营造出生动的、多样的、优美的边坡景观。从景观角度来讲，低路堤、路堑边坡较易进行植物防护、景观造景；后期养护、维护也相对容易，养护工作人员容易接近；具有经济可行性，景观效果易保持。

（1）低缓路堤边坡地形处理。当路堤填土高度介于 1.0～1.5m 范围时称为矮路堤或低路堤（一般认为只要填土高度低于 2.5m 就可当作低路堤处理）。从景观角度出发，低路堤边坡地形处理宜采用圆弧路堤坡顶与抛物线路堤坡脚相结合的方式，使边坡和原地形之间顺滑自然相接，同时营造出自然的坡面形态；若坡顶和坡脚同圆弧化，坡面则成直线坡度，景观效果比较生硬。放缓边坡坡度，在征地范围允许的情况下，可将边坡放缓到 1∶4 或者 1∶6；若路堤坡顶有凸起地形，应将凸起进行微处理，与地面舒缓自然衔接，使路面、坡面和自然地形环境融为一体，避免生硬的边坡设计，达到视觉流畅、顺滑、优美的景观效果。图 3-56 是低缓路堤边坡处理前示意图。图 3-57 是低缓路堤边坡处后效果图。图 3-58 是低缓路堤边坡处理前后对比图。

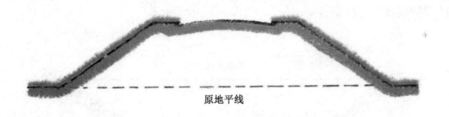

图 3-56　低缓路堤边坡处理前示意图

图 3-57　低缓路堤边坡处理后效果图

（2）低缓路堤边坡造景。低缓路堤边坡为当地适生物种的自然繁衍提供了良好的条件。在土质、水等环境条件允许的情况下，最理想的方式是直接播种，采用地被植物防护。例如，可以选择 2～4 种当地适生的冷地型和暖地型草种混播，具有出苗容易、防病害、迅速覆盖等特点，可提升道路边坡的自然性，达到美化边坡的效果。当路肩较宽时，还可将种植草皮与乔木、灌木相结合，达到四季常绿的景观效果。

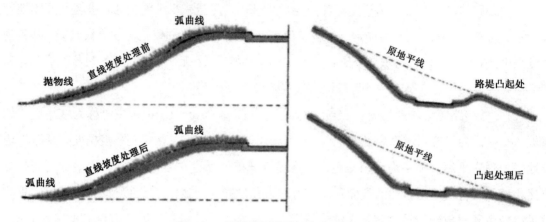

图 3-58 低缓路堤边坡处理前后对比图

（3）低缓路堑边坡地形处理。低缓路堑边坡地形处理可采用圆弧化边坡坡脚与抛物线坡顶相结合的方式，形成自然的坡面形态；若坡顶和坡脚同采用圆弧形式，则产生直线坡度，比较生硬。路堑边坡坡脚有凹坑处，应对凹坑进行地形微处理，使路面、坡面、原地面自然过渡。图 3-59 是低缓路堑边坡处理前示意图。图 3-60 是低缓路堑边坡处理后效果图。图 3-61 是低缓路堑边坡处理前后对比图。

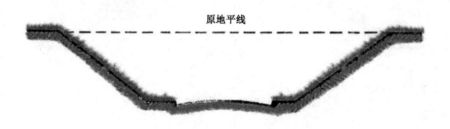

图 3-59 低缓路堑边坡处理前示意图

图 3-60 低缓路堑边坡处理后效果图

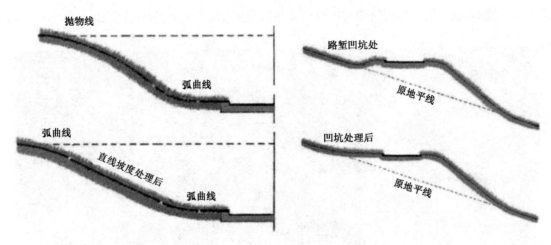

图 3-61　低缓路堑边坡处理前后对比图

低缓路堑边坡可以分为两个等级：低缓一级路堑边坡和低缓二级路堑边坡。它们都需进行地形微处理、放缓边坡以及圆弧化坡脚与抛物线坡顶。所不同的是，低缓二级路堑边坡需要设置路堑平台，使两级边坡自然过渡，产生流畅、顺滑的景观效果。

（4）低缓路堑边坡造景。低缓路堑边坡主要以植物防护为主，营造自然景观。低缓一级路堑边坡选择抗旱、适生能力强的草种进行植被防护，可选择多种草种、小灌花搭配播种种植；坡顶可采取灌木、乔木相错种植，丰富视觉空间。低缓二级路堑边坡也以草皮防护为主，路堑平台和坡顶种植小灌木和乔木。

当低缓路堑边坡坡面有大型石块时，在不影响边坡稳定性、安全性的前提下，可将其作为坡面的自然景石，点缀坡面景观。当路堑边坡坡面为岩石坡面时，可以选择彩绘、雕塑等造景方法，体现沿线民俗风情、文化特色，同时可美化、丰富边坡景观。图 3-62（a）是低缓一级路堑效果图。图 3-62（b）是低缓二级路堑效果图。

2. 路基绿化

当植被覆盖率较高时，对高速公路的景观设计主要是进行植物绿化设计，对公路进行美化，融合环境。植被绿化设计主要从栽种植物类型的选择、植物的配置模式以及种植位置等多个方面进行考虑。

（1）植物类型的选择。植物类型的选择是路基绿化的基础，只有适宜当地气候的植物才能营造出优美且有生命力的持续性景观。树种的选择应满足以下要求。

1）乡土性。树种以乡土树种为主，乡土植物对当地的气候有高度的适应性，且更能营造出与当地植被景观相适应的绿化景观。广义的乡土树种不仅是"本地区原有天然分部的树种"，也包含当地驯化多年的树种以及当地规模种植的经济树种。选择乡土植物，不仅减少了"人工痕迹"，使新栽植的植被能较快地与周边植被融合，更能维护当地生态的稳定。

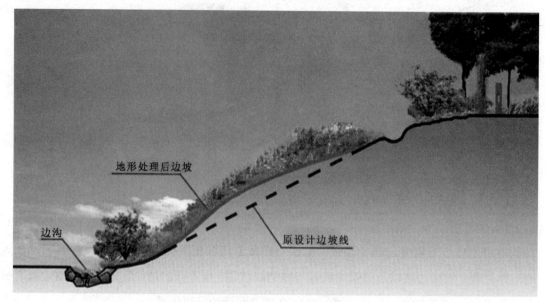

（a）低缓一级路堑效果图

（b）低缓二级路堑效果图

图 3-62　低缓一、二级路堑效果图

2）适地适树。任何一种植被均对其生长的环境有一定的要求，有其特有的生长习性、生长特点。在公路景观绿化设计时，应根据不同绿化种植部位及不同绿化功能要求，选择合适的绿化植物及种植形式。如向阳坡面种植喜光植物，生长环境恶劣的地方选择生命力强的植物种类，而河流湖泊地段则选择种植喜水性植物等。

3）抗性强。高速公路旁植物的生存环境较差，污染较严重，故应选择抗性强、耐贫瘠的植物种类为宜。

4）易于管理。由于广西喀斯特地区气候适宜，雨水充沛，日照充足，为植被生长提供了有利的外部条件，再加上高速公路建成后对植被的养护管理主要是粗放型的，故不宜选择需要精细管理养护的植被种类。

5）多样性。为了保证高速公路路域内植被的生存环境的稳定性，应遵循多样性原则，合理选择乔木、灌木及地被植物。另外，植物种植的多样性也能在一定程度上改变沿途景观的单调性，增加兴奋点，缓解驾驶疲劳。

（2）植物的配置模式。在高速公路沿线绿化景观设计上一定要注意合理地配置植物，充分体现各个单体的美感和整体效果。在植被的配置结构上应与周边的植物群落结构相协调，若周边是乔-灌-草结构，在条件允许的情况下，路基绿化也应当采用乔-灌-草的结构；若周边以灌丛结构为主，则路基的绿化设计也应尽量减少乔木的种植量，多种植灌木，与环境协调，并综合考虑植物色彩、外形、大小、季相的搭配，营造层次丰富的植物景观。另外，在不同植物类型种植的比例上也应经过充分调查，尽可能地与原有的生物群落一致，以增加沿线植被绿化与原生环境的融合、协调，促进可持续发展。

（3）种植位置。植物种植位置主要由行车视距、所处的生态环境、地理地质条件等决定，在满足行车安全的前提条件下，应尽可能地多考虑行车舒适及与周围环境的协调。在植物种植位置上应遵循以下原则。

1）安全考虑。植物所种植的位置首先应从行车安全角度考虑，主要应满足行车视觉的要求，对于任何有碍行车视距要求的区域应严禁栽植乔灌木，植物的栽种一定要满足行车视距的要求。另外，从行车舒适性方面考虑，在高速公路路肩以外一定范围应尽可能少种植一些生长速度快、生长繁茂的乔灌木，以防其枝叶伸入路基范围之内，这些枝叶不但会影响行车视距，容易造成交通安全，还会使驾乘人员产生压抑感和紧张感，对行车安全不利。图 3-63 中路肩植被枝叶伸入行车道范围以内，影响交通安全。对于弯道路段，为指示行车方向，应在弯道外侧整齐栽种乔灌木以指示高速公路延伸方向，如图 3-64 所示。

2）景观考虑。植被栽种的位置应遵循系统原则，绿化栽种应根据整体风貌的需要进行设计，如需要透景路段或者可以大量借用路侧优质景观的路段应减少植物量，甚至取消植被的栽植，以透出原生自然风景。如高速公路景观孤峰平原区或者其他相对比较平整的路段，路域周边一般会出现大量农田耕地，乔灌木稀疏，经过该路段的高速公路边坡上可减少乔灌木的栽植，可只在边坡上种植草皮，尽可能融入周边环境，形成和谐的环境，如图 3-65 所示。

图 3-63　路基乔灌木枝叶伸入路基范围之内，影响交通安全

图 3-64　高速公路弯道处行车道外侧整齐栽种乔灌木以指示行车方向

图 3-65　路侧优美环境路段减少乔灌木栽植（采取透景或借景方法进行处理）

3. 路堑绿化

在高速公路路堑边坡数量多、面积大的情况下，其绿化质量好坏将直接影响公路景观。坡面、坡顶、边坡端部是值得关注的重要绿化部位。

（1）坡面绿化。

1）绿化措施。坡面绿化不仅起到防护作用，还起到改善景观的作用。从防护作用讲，坡面绿化是边坡防护的一种，即植被防护。因此，要求用于坡面绿化的植物根系发达、初期生长快、耐贫瘠、易于养护，能在短期内就起到防护的作用，多选择根系发达的草本植物。从改善景观作用讲，单纯的草本植物景观单调，且往往与周围的环境不协调，故更需要乔、灌、草三者相结合，使坡面绿化达到防护与景观改善两者兼顾的效果。

坡面绿化的防护作用对路堑边坡而言是首要的。为此，发展了直接喷播绿化、挖沟植草绿化、三维网喷播绿化、厚层有机材喷播绿化、土工格室绿化，以及与工程防护相结合的骨架植被绿化等多种绿化措施，以适应不同坡率、不同边坡岩土体条件。这些措施在工程中已得到广泛应用，其关键在于为植物生长提供必要的条件，并迅速起到防护作用。

2）绿化形态。边坡坡面绿化的最佳状态是达到与周围环境的协调一致，边坡的开挖只是改变了地形，而未改变地貌。这就要求在植物，尤其是乔木、灌木的选择与栽植位置上，尽可能地模拟周边的环境，草本植物经过若干年的演绎更替后将被当地植物所代替。

边坡采用自然散植式的灌木，使坡面绿化自然，路容丰富；边坡通过在坡面种植乔木，延伸了坡顶原有的乔木结构形态，达到与周围环境的一致，如图 3-66 所示。

（a）散植的乔灌木使坡面自然

图 3-66　边坡绿化形态

（b）延伸坡顶乔木形态的边坡绿化

（c）边坡自然散植

图 3-66　边坡绿化形态（续图）

（2）坡顶绿化。坡顶是坡面与周边环境的过渡地带，是衔接边坡与原有地貌的重要位置。对这个部位的绿化可遵循以下原则。

1）对于背景植被繁茂、坡顶植被保留较好的边坡，可不进行工程量较大的坡顶绿化，只进行简单的补偿绿化即可。

2）对于背景植被繁茂但坡顶植被稀疏的边坡，加强坡顶绿化，使边坡边缘与周围环境和谐过渡。绿化不宜整齐列植，可采用自然式绿化方法，营造活泼的林缘线，削弱边坡边缘线性。

3）对于背景植被稀疏的边坡，为与周边环境协调，不宜强调坡顶绿化，可在坡顶截水沟旁不连续丛状种植灌木，起到掩映截水沟的作用。

截水沟的遮掩绿化应综合考虑周边林缘线的连续性和立地条件，宜连续丛状种植灌木，起到掩映截水沟的作用，但不宜沿沟栽植，要突出截水沟的线性。对原有植被良好的情况，应保留坡顶开挖线与征地线范围内的植物，将截水沟隐藏于原有植被中，如图 3-67 所示。

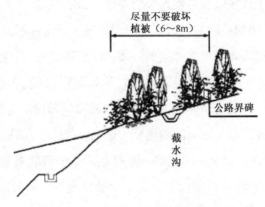

图 3-67　坡顶植物保护范围

（3）边坡端部绿化。在边坡端部，宜种植长势良好的垂吊植物或低矮灌木形成过渡，将边坡端部隐入灌丛中。相邻边坡交接处，通常植被不完整、土壤裸露，是边坡绿化的盲点。应视立地条件，采用群落组团种植，结合边坡端部绿化设计，形成统一的绿化效果，如图 3-68 所示。

图 3-68　相邻边坡交接处绿化处理方式

4. 路侧绿化

路侧绿化应摒弃以往的带状绿化，取消连续的行道树，减弱人工绿化带的"边缘强化效应"。路侧绿化从调节、屏蔽、引导等功能入手，遵循道路景观的张弛序列，这样既满足了交通的安全性，又满足了视觉通廊的景观性需求。

路侧随地形地貌起伏变化大，进行绿化营造设计时应从以下几方面进行考虑。

（1）栽植种类。绿化以常绿乔灌木为主，尽量少种落叶乔木，以免落叶后的大量林木产生炫目的效果。另外，绿化物种类不宜太多，避免不同树种、不同冠形与色彩的植物频繁交替而产生视觉的混乱。绿化观赏线应在一定距离上保持稳定、流畅。因此，绿化栽植应在整体风格下适当变化，不单调又不过多吸引驾驶人员的视线，可在一定距离上增加一些跳跃性的色彩，以调节驾驶人员的视线，增加路段的兴奋点，但不能过多应用色彩太艳丽的植物。

（2）栽植位置。路侧绿化除考虑视觉外，还应注意路侧安全。近路侧绿化一般以灌木丛为主，乔木应与行车道保持一定的距离，以免高大乔木的明暗眩光和太阳斜照时出现的光栅造成炫目和视力疲劳。另外，为避免乔木生长成型对道路空间形成的压缩感，乔木种植点与路肩的距离要大于5m，灌木种植点与路肩的距离要大于2m，地被可满铺种植。

（3）栽植尺度。景观生态学中的尺度一般是指对某一研究对象或现象在空间上或时间上的量度，分别称为空间尺度和时间尺度。美学中的尺度是一个与比例紧密相连的概念。在公路绿化中，尺度主要是指一种基于动态观赏角度考虑的比例关系。在高速行驶中，驾乘人员对周围景观的观赏只能具体到大的线和面，故只需用大视野尺寸来考虑高速公路绿化在空间上的布设。

（4）种植方法。可采用以下几种种植方法。

1）视窗种植。高速公路的路侧绿化应以通透为主，削弱道路与环境的界面，驾乘人员可沿线欣赏当地的风貌。通过视窗种植将路外优美的风景展现给驾乘人员，为避免视觉审美疲劳，视窗开口长度不应大于1km。为保证视觉可辨性，视线停留的时间不应小于5s，以行驶速度100km/h计算，视窗开口长度应不小于140m。同时，为避免灌木生长成型给道路空间形成压缩感，对驾驶人员造成心理的紧张和压抑感，灌木种植点与路肩的距离应大于2m，地被可满铺种植，并应注意对路侧植被的修剪管理工作。

2）模拟种植。模拟种植针对周边原生植被茂密且与道路路肩距离小于10m的路堤断面路段，路侧绿化应以模拟恢复为主：如周边为阔叶林，路侧绿化树种应与之统一；如周边为灌木林，路侧绿化应以灌木为主；如周边为竹林，路侧绿化也应采用以竹类为主的种植。但为避免乔木生长成型对道路空间形成的压缩感，乔木种植点与路肩的距离应大于5m，灌木种植点与路肩的距离应大于2m，地被可满铺种植。

3）调节种植。调节种植主要起到分割视窗或为景观平淡路段提供兴奋点的作用，每5min无视觉兴奋点应进行调节种植。种植形式可采用辨识性较强的孤植种植（图3-69），或满足视线停留时间不小于5s、长度不小于140m的路林群落种植。为避免乔木生长成型对道路空间形成压缩感，乔木种植点与路肩的距离应大于5m。

图 3-69 南宁至桂林高速公路上使用的孤植方法增加景观兴奋点

4）屏蔽绿化。对于路侧景观较差的路段，如取石场、杂乱的沿线民居，可采取屏蔽绿化进行处理。绿化桩号起止点取决于屏蔽对象的大小、与驾乘人员的视觉角度及其与公路的距离。

5）引导种植。山区高速公路弯道较多，在无结构物（如路堑边坡）提示的情况下，需要进行引导种植，一般采用成列规则种植的办法，但应注意避免乔木树干产生眩光。经研究发现，植物视觉间距为 3m 时，乔木树干易产生眩光频率，故植株视觉间距应避免 3m，建议采用间距为 4m 的品字种植，这样视觉间距为 2m。

5. 支挡物景观设计要点

在设置支挡物时，首先应考虑边坡岩石土性质、环境气候条件、排水条件等多种因素的影响，选择合适的措施，应以满足功能要求为前提。在满足功能要求的同时，应从环境保护、视觉质量上考虑支挡物防护措施与路域景观的协调、支挡物自身结构的协调。在条件许可时，应优先考虑植被防护。

目前常采用的支挡与防护工程结构有：挡墙、桩、锚、护面墙、骨架、挂网喷浆（混凝土）等。在景观上，支挡与防护工程结构应侧重考虑结构的尺度、比例、材质，其中挡墙、桩、护面墙、挂网喷浆体量或面积较大，在景观设计上应重点考虑，如图 3-70 所示。

（1）控制尺度。应力求避免采用连续的大面积护面墙、挂网喷浆或挡墙，采用大面积的支挡物时不仅视觉效果较差，也较难进行景观优化，特别是经水泥混凝土处理的支挡物，不利于生态恢复，故宜采用隐、矮的挡墙和桩作为支挡物，如图 3-71 所示。

（2）连续与分隔。用路者是从倾斜角度，通常还是在高速运行中看见墙体和桩体。因此，在沿路线方向，墙体和桩体的整体视觉应连续，尤其是墙顶与桩顶线应处理成连续的直线或大尺度曲线，或长条形的水平台阶线，并尽可能与路线纵面平行，避免参差不齐或成锯齿形的外观；在高度方面，当采用视觉体量较大的面墙体时，可将墙面进行分隔，形成退台式挡墙，这样既有利于墙顶绿化，也可以形成更丰富的层次。

图 3-70 大尺度的支挡结构物

（a）挡墙

（b）桩

图 3-71 隐、矮的挡墙和桩

（3）改变墙面形式和材质。不同的墙面形式、材质和色彩会使人产生不同的视觉感受。当形式、材质和色彩不理想时，可通过改变墙面外观形式、贴饰面材料等措施加以改善。

（4）采用新材料新结构。近年来，发展了一些新材料与新支挡防护结构，如主动防护网、石笼挡墙、预制块体防护墙、框架式挡墙等，其与环境协调度好，可多加利用。

（5）保障外观品质。再好的设计必须以良好的施工为保障。路基支挡结构本身具有力学美和结构美，当材料选择得当且施工质量良好时，可彰显支挡结构自身的美，反之，则可能破坏这种美。因此，加强施工质量，确保外观品质，是营造路基支挡与防护结构良好景观的基本条件。

3.6.9 分隔带景观

1. 中央分隔带

中央分隔带可以分隔交通、诱导驾驶员视线，以利于车辆安全高速的通行，而且在夜间可防止眩光，减少因眩光引起的事故。司机长时间行驶在公路上，精力、视线高度集中在路面上，极易产生疲劳，中央分隔带经过绿化后，通过植物颜色形态的变化，吸引司乘人员的注意力，调节司机视觉，减轻司机精神疲劳，提高行车安全。虽然从造景的角度出发，其不具有太多变化的特点，但从简单重复的韵律节奏以及线形上却具有一定的美的效果。植物的选择应以常绿、耐寒、耐旱、耐修剪为原则，色彩应以深绿色、浅绿色、淡黄绿色等各种不同绿色进行搭配，从而在一定限度内充分表现植物的季相变化，如图 3-72 所示。

图 3-72　高速公路中央分隔带绿化设计效果图

（1）设计原则。由于中央分隔带所处位置的特殊性，其景观设计时应首先以满足其功能为原则，防止对向车灯炫目。由于中央分隔带是一条狭长地带，条件恶劣，其景观性较弱，故更应该注意与周边环境的融合。考虑广西喀斯特地区气候的特点，该地区在景观设计上应以植被绿化为主，增强与周围环境的融合。

在气候条件适合植被生长的情况下，高速公路中央分隔带景观设计宜采用植被绿化为主。但在植物选择上，应以防眩效果和植株色彩为主进行考虑。

1）采用枝叶细腻、植株厚实的植物，防眩效果好。

2）在植物色彩上首先应与周边环境协调，采用绿色植被为主，但为了改善一味采用绿色所带来的单调枯燥感，可以选择间隔种植一些在不同时节开花的植被，不同植被的花色也可以不一样，但要注意颜色变化不能太频繁，间隔一段距离种植一两株不同色彩的植物，使中央分隔带植被种植总体上能与周边环境相融合，又能改变单调乏味的视觉感。由于间隔距离一定，还能起到提醒驾驶人员控制行车速度的效果，如图 3-73 所示。

图 3-73　中央分隔带区域间隔种植不同植物

（2）景观设计的尺度。根据张弛序列理论，每隔 5～10min 需给驾驶员以新的视觉吸引点，防止"道路催眠"，降低驾驶人员的疲劳感。考虑到变化万千的奇山异石给驾乘人员带来的刺激影响较大，可取最大值 10min，按 100km/h 的速度计算，中央分隔带每 16km 左右需要进行景观变化。另外，中间可采用层次色彩丰富的植物作为提示段，以 5s 视觉停留为依据，提示段长度约为 140m，取 150m。若中途有桥梁、隧道、互通式立体交叉，可不设置提示段。

（3）中央分隔带景观绿化设计要点。中央分隔带绿化的主要功能是防眩，绿化设计应从遮光角、防眩高度和栽植间距三个方面考虑。中央分隔带景观绿化设计需要确定合适的植株间距和植株高度，提示种植应注意高低和色彩的多种搭配，给用路者在视觉上带来节奏感、变化感，减缓行车疲劳。对于隧道前区、互通式立体交叉前区、服务区前区、避险车道等重要部位，还可以考虑通过改变中央分隔带的种植方式和植物色彩来起到提示作用。

1）植物的选用和配置模式。在土地资源有限，特别是耕地紧缺的情况下，高速公路的中央分隔带一般都较窄，一般不足 3m。另外，考虑到景观后期维护、养护的难易性和经济性，中央分隔带植物应选择适生树种，因此，植物的选用上应以厚实的灌木为主，基调应四季常绿，可间隔种植花卉，丰富道路景观。植物的选择上以常绿、耐贫瘠、耐干旱、适应性强、抗污染能力强、根系发达、耐修剪等为原则。

2）植株的间距。植株间距与植株的正投影半径、车型、车灯扩散角、车速以及车辆的间距存在一定关系。根据相关研究结果，植株间距不宜大于冠幅的 5 倍。

在平曲线路线，车辆前照灯的光线沿着平曲线的切线方向射出，曲线内侧车辆的灯光对外侧车道车辆有较大影响。植株间距的大小受到植株的正投影半径和道路平曲线半径的影响。树冠的直径主要根据中央分隔带的宽度来定，一般控制在 50～150cm，以不超出中央分隔带边缘、树冠不在路面上造成投影为宜，以免影响驾驶人员的视线。

由于用地的原因，高速公路中央分隔带宽度一般都相对较窄。根据我们实地调查发现，大部分高速公路中央分隔带的宽度都小于 2m，且植物绿化上普遍都采用灌木，密实度相对较高，防治对向车辆灯光的炫目效果较好。

3）植株的高度。中央分隔带植株高度与车辆前照灯高度、驾驶员视线高度、道路状况和车型等诸因素有关。一般小车驾驶人员的视线高度在 100～120cm，货车驾驶人员的视线高度在 180～200cm，因此，植株高度不应低于 120cm，以 130～180cm 为佳，分枝高度应小于 50cm。过高的植物会隔断高速公路景观的连续性，还会压缩路侧净空，造成驾驶人员心理紧张，如图 3-74 所示；但植株过低，则起不到防眩作用。

图 3-74　中央分隔带灌木高度过高给驾乘人员以压抑感

水平路段不同车辆组合情况下的植株高度与驾驶人员视线的几何关系见表 3-6。

表 3-6　不同车辆组合时植株最低高度的理论值

内侧车道	外侧车道	植株高度/m
小型车	小型车	1.09
大型车	大型车	1.68
小型车	大型车	1.27
大型车	小型车	1.62

在凸曲线路段，应该加强植株下部空间的遮光作用，消除眩光的影响。其设置的范围至少为凸曲线顶部两侧 120m。

在凹曲线路段，根据类似几何关系分析，参照现行公路工程技术标准的有关规定，可得到外侧车道上为小型车、内侧车道上为大型车时，不同半径情况下植株高度增加的极限值，见表 3-7。

表 3-7　凹曲线半径与植株高度增量的关系（4 车道高速公路）

凹曲线最小极限半径/m	中央分隔带植株应增加的高度值/cm
6000	7
4500	9
3000	12
2000	21

四川农业大学通过对四川成南、成雅高速公路的不同凹曲线路段进行的防眩效果直接观察得出表 3-8 所列的研究结果，通过回归分析得到，在各种道路情况下，高速公路分隔带的防眩高度最大不宜超过 192cm，最低不宜低于 109cm，且从防眩角度考虑，随着竖曲线半径值的增加，植株高度应降低。

表 3-8　防眩高度观测值（4 车道高速公路）

凹曲线最小极限半径/m	满足防眩要求的植株高度值/cm
6000	165
4500	168
3000	174
2000	186

目前对纵坡段植物增加高度的认识较为模糊，没有一个明确的标准，多是在凹曲线路段适当提高 10～20cm。

4）栽植的模式。中央分隔带绿化植物配置主要有灌木绿篱型、灌木+观赏小乔木型、灌木+花草型、乔灌草复层型等几种类型。为了与一般段落区分开，提示段一般采用较为复杂的配置形式。

绿篱型种植是指在一定距离内持续栽种同一种常绿植物，修剪为绿篱形式。其防眩功能好且简洁。此种类型在广西喀斯特地区高速公路中央分隔带上被较大量采用。

将由两种或两种以上的植物按一定方式进行植物配置统称为间隔式。间隔式仍以绿色为基调。如，灌木+观赏小乔木型是间隔式的典型配置形式，它是在常绿灌木的基础上选择 2～3 种观赏花（或观赏叶）型小乔木，3～5m 间植一株；另外一种是灌木+花草型，它是以常绿灌木为主调，以不同花期、不同质地、不同叶色的花草及灌木为点缀，与灌木+观赏小乔木型相比，此种栽植模式植物的色彩更为丰富，季相感更强。

乔灌草复层型是最复杂、最丰富的中央分隔带形式，用于中央分隔带宽度大于5m的情况，一般应用于分离式路基。

在以上中央分隔带种植形式中，绿篱型是最为常用也最易使用的形式，其余种植形式多用于提示段或特殊段落。

在中央分隔带绿化种植时，应注意栽种的植物色彩不宜太艳丽，颜色种类也不宜过多。颜色种类太多不仅容易使驾驶人员眼花缭乱，而且容易分散驾驶人员的注意力，导致交通事故的发生。此外，也要避免不同树种、不同冠型频繁变化而导致驾驶人员视觉混乱。在具体的设计中，可以采用重复渐变的方法，把不同植物按一定的节奏韵律分段设置，使景观丰富又不混乱。图3-75给出了几种中央分隔带植物栽植方案。

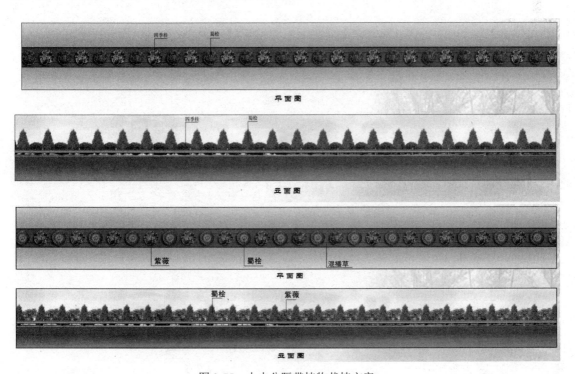

图3-75　中央分隔带植物栽植方案

2. 两侧绿化带

两侧绿化带设计分为与城区接壤部分和主线部分。

（1）与城区接壤的绿带设计。这一绿带景观具有与防护功能结合的双重性，所以设计时其结构应参照一定的技术参数。根据有关部门的规定及参考国外有关资料，给出如下建议：

1）林带宽度：市内以6～15m、市区以15～30m为宜。

2）林带高度：10m 以上。

3）林带与声源的距离：应尽量靠近声源而不是受声区。

4）林带结构：以乔、灌、草结合的紧密林带为好，阔叶树比针叶树有更好的减噪效果。

（2）主线部分设计。沿道路主线两侧的绿化设计是高速公路连续景观"线"的主要表现形式，构成了道路景观的基础。由于这一部分具有跨地区及地形地貌起伏变化大的特点，设计时应从以下方面进行考虑。

1）根据道路所跨区域的土壤、水文、气象、地形、护坡结构、涵洞、桥梁等条件，划分典型设计断面，并标出起讫点的位置。

2）确定道路全线植物品种的基调树种、搭配树种以及功能性隔离品种。

3）处理好重点与一般的关系。如，收费站处道路两侧 500～1000m 的范围属于重点处理区域。

第4章 高速公路景观评价方法

4.1 高速公路景观规划方法研究

对公路景观的不同研究方法与不同研究角度对应着不同的分类方法：按照公路景观课题的构成要素可分为自然景观和人文景观；按照公路景观主体的活动方式，可分为动态景观和静态景观；按照公路景观的处理方式，可分为保护利用景观、设计创造景观，还可进一步分为线性景观、点式景观。

按照人类在公路景观活动中采用的景观材质和处理手法，可将公路景观分为路域硬质景观（Structure and Hardscape）和路域软质景观（Structure and Softscape）。

1. 路域硬质景观

路域硬质景观是指用人工材料或主要依靠人工材料创造出来的景观效果。路域硬质景观包括边坡、边沟、中间带、隔音墙、跨线桥、隧道、服务区等由公路施工创造出来的景观效果。路域硬质景观从功能及景观效果考虑，可分为功能性路域硬质景观、关键性路域硬质景观和地标性路域硬质景观。

（1）功能性路域硬质景观。功能性路域硬质景观是以满足公路交通功能为主要设计目标，兼顾公路景观设计要求的公路构造物。在景观设计中，以满足汽车安全快速行驶为目标，景观造型力求简单、流畅，景观设计手法主要是考虑结构物色彩与比例，景观工程投资较低。图4-1为跨线桥的景观设计效果，通过改变跨线桥结构的色彩配置及桥梁上部结构比例，可体现出公路路线快捷、顺畅的感觉，并与周围地形充分融合。

（2）关键性路域硬质景观。关键性路域硬质景观是在满足公路交通功能的前提下，对路域关键景观节点进行专门景观设计，从而提升公路美感的结构物，如收费站、重要跨线桥、互通立交、隔音墙等。关键性路域硬质景观设计综合采用造型、色彩、比例等设计手法。图4-2为某高速公路收费站景观造型渲染图。由于收费站为出入高速公路的重要节点，对其进行景观造型设计，可以提升整条高速公路的美感并能承载一定的对当地文化特色进行宣传的功能。

图 4-1   功能性路域硬质景观

图 4-2   关键性路域硬质景观

（3）地标性路域硬质景观。高速公路作为连接区域主要政治、经济或文化中心城市的工程设施，不仅具有交通功能，还承载着弘扬沿线历史文化、自然风光等功能。因而，地标性路域硬质景观是指专为体现高速公路沿线自然文化特点而设计的公路景观造型及构造物，通常包括挖方挡墙、服务区、路侧的雕塑、跨线桥、收费站、隔音墙等特殊造型。图 4-3 为广西高速公路建设中为体现广西文化背景而设计的地标性硬质景观。

图 4-3 地标性硬质景观

2. 路域软质景观

路域软质景观是指非人工材料或主要以非人工材料创造的景观效果,同时高速公路两侧被纳入路域景观范围内,非高速公路项目修筑的历史文化遗存、自然村落、自然景观等也属于路域软质景观。路域软质景观主要是指路域范围的山体、植被、边坡绿化、水体、人文景观等,在公路景观环境中起着观赏、组景、防止水土流失、改善驾驶员视觉体验等作用。路域软质景观按照材质性质可分为石质路域软质景观、植物路域软质景观、水体路域软质景观和人文路域软质景观等。

(1) 石质路域软质景观。在喀斯特地貌区域,孤峰、峰林、峰丛、残丘等构成了千姿百态的石质路域软质景观,高速公路景观设计过程中,应采用借景、对景等景观设计手法将其纳入驾驶员视野范围内,给司乘人员以自然、柔和的美学观感,以弥补高速公路构造物刚硬、人工穿凿的美学体验,如图 4-4 所示。石质路域景观还包括路侧挖方边坡上对天然孤石以及自然裸露的岩质山体的景观利用,如图 4-5 所示。

图 4-4 喀斯特地貌高速公路石质路域软质景观

图 4-5　石质路域软质景观对孤石的景观利用

（2）植物路域软质景观。植物路域软质景观是利用边坡绿化、中央分隔带绿化、互通式立交绿化等景观绿化手法，一方面通过植被四季色彩的季相变化营造绿色、生态的景观效果，另一方面通过栽植灌木和乔木等植被可以遮蔽路侧凌乱的原始景观，起到美化路域景观的作用，如图 4-6 所示。

图 4-6　植物路域软质景观

（3）水体路域软质景观。广西喀斯特地区雨量丰沛，高速公路路域范围内河流、湖泊密布，路线在布设时应协调处理好与水体跨越、临近的关系，采用借景、对景、用景等景观手法，将水体景观融入公路景观之中，构造山水相间、路水和谐的景观效果，如图 4-7 所示。

图 4-7　水体路域软质景观

（4）人文路域软质景观。高速公路沿线的城镇、村庄、少数民族聚居区、历史古迹等构成了人文路域软质景观。根据文化软质景观的特性和高速公路的特点，可通过展现、再现、抽象、叙述等方式加以利用。

4.2　高速公路景观纵向主题段的划分与过渡

高速公路穿越不同的地域环境，随着路线的延伸，其路外的自然景观和地域特征也有所变化。在设计高速公路景观要素的形式、尺度、材质和色彩时，需要迎合其所处地域景观属性的风格特征，使得高速公路更加融入地域环境。因此，景观规划中有必要根据公路所在区域内的属性特征对公路进行景观主题段的划分。

4.2.1 高速公路景观主题段划分的目的

汽车在公路上高速行驶，驾驶员长时间保持高度警觉状态，如果相同属性的景观持续路段过长，审美主体易产生视觉和心理疲劳，协调、充满个性且富于变化的沿途景观是景观设计师追求的目标。

高速公路穿越不同的地域风貌，由于人们习惯集聚式的生活方式，不同区域内居住的人群对区域内地形的整理和建筑特征的把握不尽相同，设计时应充分提炼沿途区域内立地环境特征，将高速公路划分为若干景观特色主题段。通过不同的景观属性主题段的有机相连，营造高速公路动态的视觉空间环境。

高速公路景观主题段的划分除了区分地域特征之外，其最终作用体现在高速公路景观要素选择上，不同区域特征孕育出来的景观要素在形式、尺度、色彩和材质等视觉设计要素的特征上有所区别。景观规划工作中宜依照不同的主题段属性特征选用符合区域特征的景观要素，使得高速公路景观更加融入自然地形且丰富多变。

4.2.2 高速公路景观主题段设计

1. 高速公路景观主题段的长度

依据高速公路驾乘人员视觉、心理特性，为避免持续单个景观节段属性风格引起的视觉疲劳，驾驶员的视觉环境每隔 8～10min（界面交替时间）需要有一个变化，依据行车速度（以 100km/h 计）和界面交替时间反算得知，高速公路在景观节段划分时原则上应尽量将单个节段长度控制在 10～15km。现实操作中由于高速公路路线很长，节段变换过于频繁易导致驾乘人员心理不适应感。

2. 高速公路景观主题段的属性

主题是设计工作的灵魂，任何一件好的设计作品都会表达出一个富含创意的主题。

高速公路景观主题段内景观属性规划工作的首要任务就是定义景观主题。主题的定义直接决定了设计阶段景观要素形式、尺度、材质和色彩的遴选。景观整备时应积极提炼高速公路各节段内自然、人文景观特性，并结合区域发展远景规划的理念，为节段定义恰当的景观主题。

如图 4-8 所示，高架桥段途径区域的城镇建筑景观风貌明显，可考虑取其区域发展特色规划为城镇景观节段。节段内宜表现蓬勃向上的现代人文气息，交通标志可等距布置，隔音墙造型可考虑规整铝合金条块，附属构造物色彩宜选用烘托现代气息的金属灰、海灰等。人群聚集区域高架桥段为有效利用桥下空间可考虑轮廓照明。

图 4-8　城镇景观风貌

又如图 4-9 所示,峰林平原路段区域内一望无垠的农田风格明显,可考虑取其区域发展特色规划为农业景观节段。

图 4-9　农业景观风貌

主题段内散发出古朴、自然、大气的属性特征,主题段内景观要素风格需保持一致。如植物布置可以在满足防护功能的基础上散种与团栽有色开花灌木和地被,应避免乔灌草规整排列;交通标志不等距布置,植被和附属构造物色彩运用上宜选用衬托古朴大气的材质固有色。

主题段的过渡。根据立地调查及地形图资料,分析高速公路沿线景观属性特征。考虑将属性特征较为集中的路段规划为特色景观主题段,其他一些景观资源较为零乱的节段或长大桥桥梁、隧道可规划为主要景观节段之间的过渡主题段。在主题段交替的时候应注意空间围合度的和谐过渡，除主眺望点外不主张从郁闭（或围合）一下到开敞的跳跃，以免给驾乘人员以突兀感。

4.3 高速公路景观横向视觉敏感度分级方法

4.3.1 高速公路景观研究尺度

公路本身形成的景观以及公路沿线的自然景观和人文景观，即展现在行车者视野中的由公路线形、公路构造物和周围环境共同组成的图景。

从驾驶员视觉及公路建设角度，公路景观构成分为内部景观和外部景观。

公路内部景观是指公路路域范围内的工程构造物所构成的景观因子，主要包括特大桥、互通立交、隧道、跨线桥、路堑边坡、附属设施建筑物和声屏障等。

公路外部景观是指公路路域外与公路及沿线设施关系较密切的环境景观因子，主要包括自然、人文两种景观类型，如风景名胜区、自然保护区、森林公园和文物古迹等。

驾驶员在道路上驾车时主要通过视觉观察沿线周围环境，获取道路交通信息，同时，90%的视觉信息都是动态的。因此，研究驾驶员的动态视觉特征能够指导高速公路景观设计，从而获得良好的景观效果。

为使高速公路景观设计能够对驾驶员产生景观刺激性，同时具有足够的景观作用时间，获取良好的景观效果，应以驾驶员的动视觉特性为依据，通过研究不同车速下的车前可视距离、注意力集中点和最深视野，对高速公路景观敏感度进行分级研究。

1. 研究尺度的确定

根据 J.R.Hamilton 和 L.L.Thurstone 的研究，根据驾驶员的动视觉特性，选取运行速度为60km/h、视野角度为 75°，景观研究的尺度范围界定在公路路基边缘外各 245m 范围内。图 4-10 为不同车速下的注意力集中点及视野范围示意图。

2. 车前可视距

在运动状态下，随着车速的增加，驾驶员的空间辨别能力降低，主要表现为动视力下降、模糊车前距增加。模糊车前距即车前可视距，指驾驶员能够辨认景物的最小距离。车前可视距可用公式 $Dv=Vt$ 进行计算。根据动视觉原理，人的视觉反应时间一般为 0.15～2.00s，而人眼通过分析画面并得出一个有意义知觉的时间一般为 1.5～2.0s。因此可选取 1.5s 作为视觉反应时间，代入公式换算可得 $Dv=0.417V$。表 4-1 为不同运行速度下的车前可视距。

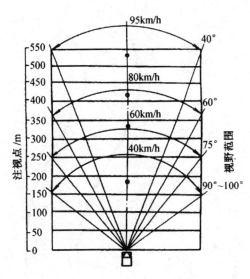

图 4-10　不同车速下的注意力集中点及视野范围

表 4-1　不同运行速度下的车前可视距

运行速度/（km/h）	60	80	100	120
车前可视距/m	25	33	42	50

3. 注意力集中点及最深视野

驾驶员驾车行驶时，两眼凝视远方并将注意力集中于一点时，视野变窄。当车速逐渐增加时，注意点迁移，视野深度增加，形成隧道视，容易使驾驶员产生视觉疲劳。同时，随着车速的增加，驾驶员难以辨认距离车辆周围较近的物体，而且驾驶员的视线范围有限，使得驾驶员空间识别范围缩小。表 4-2 为不同运行速度下的注意力集中点及视野深度。

表 4-2　不同运行速度下的注意力集中点及视野深度

运行速度/（km/h）	60	80	100	120
注意力集中点/m	180	300	420	540
视野深度/m	370	500	660	820

（1）分级速度的选取。《中华人民共和国交通安全法实施条例》第七十八条规定，高速公路车速最高不超过 120km/h，最低速度不得低于 60km/h。由表 4-1 可知，60km/h 对应的车前可视距约为 25m，清晰范围距离驾驶员较近；120km/h 对应的车前可视距约为 50m，清晰范围距离驾驶员较远。

（2）分级参数的确定。以 60km/h 为设计基准研究高速公路景观要素设计，此速度下驾驶员的视觉空间如图 4-11 所示，对应的驾驶员视觉空间参数：车前可视距为 25m，注意力集中点为 180m，最深视野为 370m。

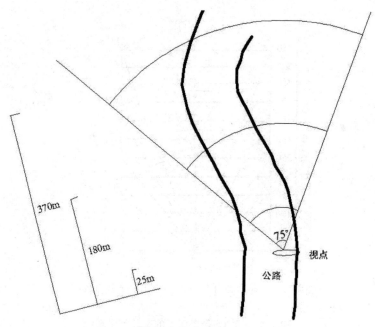

图 4-11　速度为 60km/h 的驾驶员视觉空间

4.3.2　高速公路景观横向视觉敏感度分级结构

景观研究尺度范围界定在公路路基边缘外各 245m 内。假定驾驶员上行，距离路基边缘 5m，在天气条件、道路状况良好的情况下，以 60km/h 的运行速度、75°的视野角度行驶，可模拟出如图 4-12 所示的视觉敏感分区图。将公路景观分为三级视觉敏感区，其中一级最敏感。

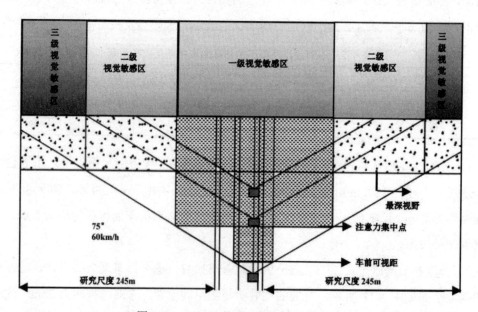

图 4-12　60km/h 的景观视觉敏感度分区

一级景观视觉敏感区为距离驾驶员右侧路基边缘 104.58m 处向左延伸 219.15m 的带状区域。

二级景观视觉敏感区为距离驾驶员右侧路基边缘 104.58m 处向右延伸 115.66m 的带状区域，以及距离右侧路基边沿向左 114.57m 处向左延伸 115.66m 的一个带状区域。

三级景观视觉敏感区为距离右侧路基边缘 220.24m 处向右延伸 24.76m 的一个带状区域，以及距离右侧路基边缘向左延伸 230.23m 处与左侧景观研究尺度边界之间的带状区域。

4.3.3 高速公路景观可视区域分析

基于驾驶员动视觉特点的景观视觉敏感区确定了高速公路路侧景观设计的尺度和重要程度。然而，由于地形和地物的变化，同一景观视觉敏感区内的可视区域及视点集中状态并不相同。高速公路景观可视区域分析原理如图 4-13 所示。

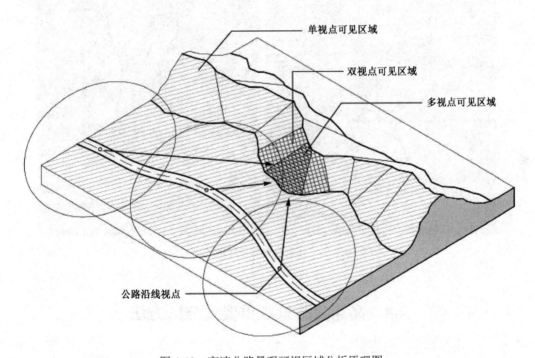

图 4-13　高速公路景观可视区域分析原理图

根据上述原理，采用 ArcGIS 的三维视域分析方法，将公路上选取的重要节点作为视点，进行视域分析，确定出该视点的可见区域；并将公路作为视点轨迹集合，通过视域分析确定出公路所在景观区域的可视规划区的边界，从而针对性地进行景观要素设计，如图 4-14 和图 4-15 所示。

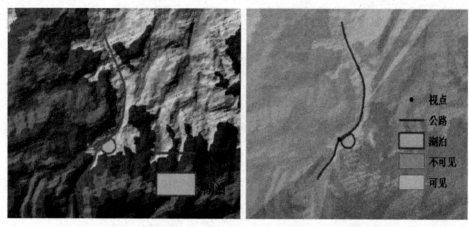

（a）公路沿线地形图   （b）公路沿线可视区域

图 4-14　公路沿线可视区域分析图

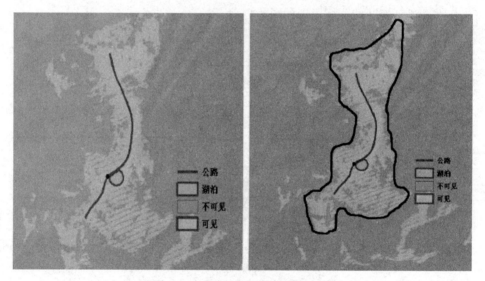

图 4-15　公路景观可视区域的确定

4.4　高速公路景观重要度分区方法

高速公路景观敏感度分级主要针对公路沿线所有景观要素，但从公路景观规划设计角度来看，公路外部景观与内部景观的设计重要性并不相同。通过敏感度分级分析可知，一级敏感区属于公路景观设计的着重区域，即公路内部景观是高速公路景观设计的着重设计点。因此，需要对一级景观敏感区内的公路内部景观进行着重设计。

不难发现，即使公路内部景观同位于一级景观敏感区内，但驾驶员对不同景观要素的认知程度并不相同。根据道路使用者的认知规律，互通式立交区、服务区、收费站等景观要素的景观特征容易给道路使用者留下深刻的印象，而中央分隔带，特别是高路堑边坡等景观要素，则难以给道路使用者留下深刻印象，甚至难以引起其注意。因此，不同的公路内部景观要素的景观重要性也不相同。

基于以上分析，需对公路内部景观要素进行分区规划设计，为公路景观设计者指出公路景观设计的重点，设计出具有良好景观效果的公路景观；为景观养护、管理工作者提供养护、维护的重点，从而有效保持高速公路景观效果。

4.4.1 高速公路景观重要度分区依据及其原则

1. 高速公路景观重要度分区依据

通过分析高速公路景观的特征和作用以及人们对高速公路景观的认知规律，景观分区依据应主要从两个方面考虑：一是公众对高速公路景观的美感度认知，二是景观要素的养护难易程度及经济性。

（1）高速公路景观美感影响度。人、车、路及环境共同构成公路行驶系统，高速公路景观是"路"的重要组成部分。"人"通过"车"的行驶，动态地感知具有线性特征的公路景观。在感知过程中，视觉感知获得的信息占到所获取信息量的 80%以上，同时，不同的景观区域在提升视觉环境质量、美化公路环境等方面的作用不同。所以，高速公路景观应着重考虑对人的视觉影响，综合考虑高速公路景观要素特性，从人对环境景观认知规律出发，选择景观美感影响度作为高速公路景观分区的依据之一。

（2）高速公路景观养护及经济性。高速公路景观建设很重要，但景观养护更加重要，直接影响到景观效果的维持。不同景观区域在进行养护时，用水、用电的方便性，人工、机械是否容易接近养护区域，以及用于养护的人工、机械费用的高低，都会直接影响景观分区的结果。因此，将高速公路景观要素养护作为景观分区的另一主要依据。

2. 高速公路景观重要度分区原则

（1）安全舒适性原则。安全性原则是高速公路沿线景观设计的基础和前提，保证驾驶员的视野和视距，从而保障高速公路的正常运行。在进行高速公路景观设计时，需要充分考虑视觉空间、道路线型、安全设施的色彩和尺度、视觉导向、视觉连续性和通透性等交通因素和行车安全之间的关系，消除道路使用者在行车时产生的视觉疲劳、枯燥感和压抑感。

（2）地域性原则。高速公路最明显的特征就是跨越多地区、多地域，自然环境、历史文化、地方特色和民俗风情等都呈动态变化特征。在进行高速公路景观分区元素设计和规划时，要尽量彰显地域特征，充分挖掘人文景观、自然景观和历史元素等题材，美化设计高速公路景观元素，在与当地环境协调的同时凸显出高速公路走廊带不同景观带之间的景观特点，形成一条具有优美景观的动态景观走廊带。

（3）生态性原则。高速公路景观规划设计需要遵从"尊重自然、恢复自然、保护自然"的原则，最大程度地减少高速公路建设对自然环境的扰动、破坏，保护生物的多样性。尽量减少或避免人工痕迹，使分区内的植物植被与周围环境相融合。

（4）经济性原则。高速公路景观规划设计要遵从经济适用性的原则，尽量避免大拆大建，可以就近、就地取材，节省造价。景观的规划要注重与地方经济状况相结合，注重节能、节材，最重要的是合理使用土地资源，避免铺张浪费。

（5）整体性原则。高速公路景观带的不同分区需充分考虑景观带的设计主题和设计特征，高速公路自身的景观要素需综合考虑周边环境条件，使道路融入环境，达到整体景观的和谐性。人、车、路是一个有机的整体，高速公路景观分区规划同样要为这个整体服务，保证人、车、路系统安全、有效运行的同时，获取良好的景观效果。

4.4.2　高速公路景观重要度分区方法

1. 评价指标权重的确定方法

权重指每个指标在整个景观分区体系中的相对重要程度。影响高速公路景观分区的指标主要有两个，分别是景观要素的美感度和养护。为保证高速公路景观分区研究的客观性和准确性，需要确定两个影响指标的权重，再进行分区结果计算。

2. 权重的设定方法

通常，设置权重主要有专家直观判定法、层次分析法、序列综合法、变异系数法等。研究拟定采用专家直观判定法来确定高速公路景观分区指标权重。

（1）权重的计算公式。

指标构成的权重体系 $\{W_i \mid i = 1, 2, ..., n\}$ 必须满足：$0 < W_i \leqslant 1$；$i = 1, 2, ..., n$，其中 n 是权重指标的个数。$\sum_{i=1}^{n} W_i = 1$。

（2）权重的确定。聘请公路景观及养护管理工作人员作为判定权重的专家，对影响指标体系进行深入研究，先由每位专家独立对指标设置权重值，然后再对每个指标的权重确定平均值，每个指标的平均权重值即为最终权重。表 4-3 为专家权重打分统计表。

根据权重计算公式，分别得出美感度和养护的平均权重值。

$$\overline{W_i} = \frac{1}{n} \sum_{j=1}^{n} W_{ij} (n = 23) \tag{4-1}$$

美感度平均权重值

$$\overline{W_1} = \frac{1}{n}\sum_{j=1}^{n}W_{1j} = 0.51$$

养护权平均权重值

$$\overline{W_2} = \frac{1}{n}\sum_{j=1}^{n}W_{2j} = 0.49$$

通过计算表 4-3 中的数据，对两个指标的平均权重值进行四舍五入，可得高速公路景观分区指标的权重值体系为 $\{W_i \mid W_1 = 0.5, W_2 = 0.5\}$。

表 4-3　专家权重打分统计表

序号（j）	指　标		
	美感度（W_{1j}）	养护（W_{2j}）	合计
1	0.55	0.45	1
2	0.52	0.48	1
3	0.6	0.4	1
4	0.62	0.38	1
5	0.55	0.45	1
6	0.53	0.47	1
7	0.6	0.4	1
8	0.63	0.37	1
9	0.46	0.54	1
10	0.42	0.58	1
11	0.45	0.55	1
12	0.53	0.47	1
13	0.6	0.4	1
14	0.5	0.5	1
15	0.49	0.51	1
16	0.39	0.61	1
17	0.56	0.44	1
18	0.44	0.56	1
19	0.5	0.5	1
20	0.42	0.58	1
21	0.4	0.6	1
22	0.58	0.42	1
23	0.39	0.61	1

（3）分区结果。通过对高速公路景观要素美感度调查可以得到景观要素美感度排序为 $A_i=$｛立交区,服务区,收费站,城市出入口,跨线桥,中央分隔带,护栏,低路堤、路堑边坡,高路堤、路

堑边坡}。通过对高速公路景观要素养护调查可以得到景观要素养护由易到难排序为 B_i={立交区,服务区,城市出入口,收费站,低路堤、路堑边坡,跨线桥,中央分隔带,护栏,高路堤、路堑边坡}。权重体系为 $\{W_i \mid W_1 = 0.5, W_2 = 0.5\}$。

根据式（4-2）对各高速公路景观要素分区指数进行计算。表 4-4 为调查数据及分区指数统计表。

$$U_i = W_A \times A_i + W_B \times B_i \tag{4-2}$$

式中，U_i 为景观要素分区指数；W_i 为分区指标权重；A_i 为景观美感影响度值；B_i 为养护值。

表 4-4　调查数据及分区指数统计表

影响因素	景观要素								
	立交区	服务区	城市出入口	隧道	跨线桥	中央分隔带	护栏	低路堤、路堑边坡	高路堤、路堑边坡
美感度	A_1	A_2	A_3	A_4	A_5	A_6	A_7	A_8	A_9
（$W_A = W_1 = 0.5$）	20%	17%	15%	17%	10%	9%	6%	4%	2%
养护	B_1	B_2	B_3	B_4	B_5	B_6	B_7	B_8	B_9
（$W_B = W_2 = 0.5$）	22%	18%	17%	15%	8%	6%	6%	8%	0%
分区指数	U_1	U_2	U_3	U_4	U_5	U_6	U_7	U_8	U_9
（U_i）	0.21	0.18	0.16	0.16	0.09	0.07	0.06	0.06	0.01

通过定性和定量相结合的分析方式，高速公路景观分区是对景观要素美感度和养护难易程度科学融合的一种规划理念。各级景观区域的主要特性如下：

- 一级景观区域——景观效果好，容易养护。
- 二级景观区域——景观效果一般，不易养护。
- 三级景观区域——景观效果不好，难养护。

根据高速公路景观要素分区指数值，对高速公路景观要素进行分区，分区标准见表 4-5。

表 4-5　高速公路景观分区标准

景观区域等级	一级景观区域	二级景观区域	三级景观区域
分区指标范围	$U_i \geqslant 0.15$	$0.05 \leqslant U_i < 0.15$	$U_i < 0.05$

根据高速公路景观分区标准以及各景观要素的分区指数值，对高速公路景观要素进行分区，分区结果如下：

- 一级景观区域——互通区，服务区，城市出入口和收费站，隧道。
- 二级景观区域——跨线桥，中央分隔带，护栏，低路堤、路堑边坡。
- 三级景观区域——高路堤、路堑边坡。

4.5 公路景观视觉影响评价体系确立

景观视觉影响评价是评价开发活动在开发过程与运营管理中可能给景观及视觉环境带来的不利与潜在影响，以提出减缓不利影响的措施，制订环境监控计划。景观影响及视觉影响的区别在于景观影响是指景观结构、性质和质量方面的改变，而视觉影响则是指景观外貌方面的改变和这些变化对人的影响。因此，视觉影响可以看作景观影响的一个部分，涉及对景色、观赏者和视觉美学的影响。景观及视觉影响具有直接可见性、不易改变性等特点。

公路景观视觉影响评价是在美学的基础上，从道路使用者的角度，应用计算机三维仿真技术对公路线形、路域环境及其他道路相关设施进行评价。公路视觉影响是公路及景观设计对人的感官影响。

公路景观视觉影响评价是一个系统性的分析工作，公路景观设计是否合理、是否与路域环境有机协调、是否符合道路使用者的视觉感受，关键在于对公路景观系统认识的准确性、研究思路的正确性、选择公路景观评价指标的合理性以及相应的评价方法的科学性。无论对哪一种评价来说，根据公路景观评价要求所构建的指标体系，既应是景观分析的准则，亦应是综合评价的尺度。评价指标的选取是评价过程中极为重要的一个环节，是对公路景观系统进行评价的必要前提，选取不同的评价指标体系，可能导致不同的评价结果。

4.5.1 指标及其意义

在对公路景观进行视觉影响评价时，首先应明确其评价目标，并提出衡量它的标准与指标，以及度量、测定各项指标的方法，然后才能对其作出恰当的评估，继而才能采取适当的技术和手段对其加以改善。然而公路景观视觉评价在我国乃至世界均属于一项探索工作，由于缺少对公路景观系统深层次的研究及完整与深刻的认识，使得我国公路景观的发展面貌无法适应时代前进的脚步，为此需要建立一套较为客观、简捷、实用，又能得到专家和公众认同的评价指标体系。这个指标体系的建立，应成为指导高等级公路景观资源管理、公路景观评价以及规划设计的基本依据。

4.5.2 评价指标的筛选原则

公路景观构成要素的多元性、人类作用的主导性、景观空间的多维性和评价主体的复杂性使公路景观评价体系的建立变得十分困难。要对公路发展设计规划以及宏观决策等提供科学依据和准确数据信息，除了需要建立一个合理有效的公路景观视觉影响评价指标体系外，还要求评价指标具有典型性、代表性和系统性。为此，需遵循如下指标体系建立原则。

1. 系统性原则

景观评价涉及多方面内容，跨越多门学科，由多个子系统构成。因此，必须对它的层次、结构和相互作用进行全面综合的分析，既不以偏概全，又要突出主导因素的影响，每一个指标都可以从一个或几个方面来描述系统的特征，形成一个有机的整体。

2. 科学性与可操作性原则

指标体系必须具备科学性，要能够客观地反映公路景观的本质。公路景观评价需要大量的专题数据支持，因此应该在建立景观系统数据库的过程中尽量收集各类相关数据，并且尽可能地应用现代科学技术予以权衡和科学化的定量表达。

3. 简明性原则

公路景观视觉影响评价涉及公路、美学、视觉环境、协调学等多个科学领域，影响因素众多繁杂。在筛选公路景观视觉评价指标时，必须使所选指标具备概念明确、简单明了、使用方便、易于计算或论证的特性。

4. 可测性与可比性

公路景观视觉影响评价所涉及的评价因素大多具备主观性较大、难于量化的缺点。因此，在公路景观视觉影响评价中，其指标的量化最好能够用直接或间接方法来测量或估测，同时针对同一评价对象的各指标可以相互比较，方便确定其优劣。

5. 独立性及重要性原则

各评价指标和相应标准应相互独立。若某些指标间存在显著的相关性，反映的信息重复，应择优保留。所选指标应是该领域的重要指标。

4.5.3　评价指标的筛选方法

评价指标筛选主要根据头脑风暴法、Delphi 法、会内会外法、聚类分析法等方法进行筛选。由于各种方法都有其优缺点以及适用性，因此，针对本研究课题，采取几种方法相结合的办法，以使所建立的评价指标体系更加完善和科学。

1. 头脑风暴法

头脑风暴法由美国的创造学家 A.F.奥斯本在 1939 年提出，1953 年正式发表。这种方法的原理是通过众人的思维"共振"引起连锁反应，产生联想，诱发出众多的设想或方案。

具体做法：召开 10 人以下的小型会议，围绕一个明确的议题，自由地发表各种意见和设想。会议要求有一名主持人和一名记录员，并要求与会人员严格遵守下述规则。

（1）不允许批评他人的想法。

（2）提倡自由思考、畅所欲言。

（3）以议题为中心，提出的设想多多益善，并且全部记录下来。

（4）不能在会议进行中作出任何总结和批判，不阻碍个别人的设想。

（5）参加会议者不分资历、地位、水平如何，一律平等对待。

（6）不允许私谈及代他人发言。

2. 会内会外法

这种方法是结合专家个人判断和专家会议两种方法的专家调查法。专家调查法是运用一定方法，经专家们个人分散的经验和知识汇集成群体的经验和知识，从而对事物的未来作出主观预测。

个别专家分析判断的主要优点是可以最大限度地发挥专家个人的能力，但容易受到专家的知识面、知识深度和占有信息的多少、专家的经验以及对预测的问题是否感兴趣等因素的影响，易带片面性。而专家会议的优点是在召开专家会议时可以互相启发，通过讨论或辩论互相取长补短、求同存异，同时由于参加会议的人多，占有信息多，考虑的因素比较全面，有利于得出较为正确的结论。专家会议的缺点是在专家们面对面讨论时，容易受到一些心理因素的影响，如屈服于权威和大多数人的意见、受劝说性意见的影响，以及不愿意公开修正已发表的意见，这些都不利于得出合理的预测结果。所以结合这两种方法取长补短可以获取更有效的信息。

3. Delphi 法

Delphi 法也是在专家个人判断和专家会议的基础上发展起来的一种专家调查法。其采用匿名函询的方法，通过一系列简明的调查征询专家们的意见，并通过有控制的反馈，取得尽可能一致的意见。

Delphi 法的主要特点是匿名性、反馈性和收敛性。

（1）匿名性：指专家们以"背靠背"的方式接受调查，提供信息。被调查的专家们互不见面，不直接交流信息；再由调查工作者组织书面讨论，通过匿名的方式向各位专家传递信息。

（2）反馈性：为了使专家们能进行书面讨论，Delphi 法采用多轮调查的方式（后一轮调查表一定附有前一轮的调查结果）。即在每一轮调查表返回后，由调查工作组将各专家提供的信息和资料进行综合、整理、归纳与分类，再随同下一轮调查表一起函送给各位专家，使专家们了解调查的全面情况。

（3）收敛性：多轮调查与反馈的过程，也是专家们在匿名状况下相互启迪和讨论的过程。通过书面讨论，言之有理的见解会逐渐为大多数专家所接受，分散的意见会向其集中，呈现出收敛的趋势。

4. 聚类分析法

聚类分析（Cluster Analysis）又称群分析，是研究如何将客观事物合理分类的一种数学方法。它是根据事物本身的特性对被研究对象进行分类，使同一类中的个体有较大的相似性，不同类中的个体有较大的差异。

聚类分析根据分类对象的不同，可分为样本聚类和变量聚类。样本聚类在统计学中又称为 Q 型聚类，它是根据被观测对象的各种特征对各变量值进行分类。变量聚类在统计学中又称为 R 型聚类，但因为反映同一事物特点的变量有很多，往往选择部分变量对事物的某一方面进行研究。

4.5.4　评价指标量化方法

近年来由于景观、心理学等学科的合作研究，已经形成一种评价和鉴别空间视觉质量的科学方法，包括倾向性评价、语义差别量表法、因子分析法、多维量表法和各种行为观察法。本文研究使用语义差别量表法。

语义差别量表法最初是在心理物理学中应用。心理物理学是用人的行为反应来测量人的客观感知到的物理特性，目的是建立物理参数与主观反应的函数关系。在视觉环境影响的研究中，一般都使用问卷、量表和量值评估法，将物理参数与主观反应联系起来。对于单个因素或者不复杂的问题可以得出一定的结果，一般采用语义差别量表法。这种量表是由一对反义的形容词和一个奇数的量表组成，例如评价一个环境的愉快程度就可采用表 4-6 所示的语义差别量表。

表 4-6　语义差别量化表

愉快	+3	+2	+1	0	-1	-2	-3	不愉快

7 个空格的中间一格（0）代表中性，表示既不感到愉快也不感到不愉快；正号表示感到愉快；负号表示不愉快；数字是表示愉快和不愉快感的递增或递减。这种量表既说明评价的情感倾向，也能表示倾向程度。本文的公路景观视觉影响评价中，部分评价指标量化采用此种方法。

4.6　公路景观视觉影响评价方法

4.6.1　公路景观视觉协调度

本文的研究是从道路使用者的角度出发，在三维动态模型的基础上，针对公路景观进行视觉评价，提出"公路景观视觉协调度（VC_{RL}）"的概念，并以此作为公路景观视觉影响评价的评价尺度。

公路景观视觉协调度是对公路景观视觉协调性的量度。公路景观视觉协调度是站在道路使用者的角度，经过科学的分析和计算，反映公路景观设计与周围路域环境是否协调一致的数量指标。本文中用 VC_{RL} 表示，其中 VC 是指视觉协调度（Vision-Coordination），RL 是指公路景观（Road Landscape）。

以公路景观视觉协调度（VC_{RL}）为目标层，提出公路景观视觉影响评价的 3 个指标：完整性指标、统一性指标以及多样性指标。完整性是指自然景观与人造景观的视觉完整性，人们可以在保持完好的城市和乡村景观中感觉出这一景观特性；统一性是把景观看作一个一致性和协调性的整体视觉，它经常用来证明景观中独立部分的精心设计；多样性涉及景观中的变化及差异。在 3 个评价指标下建立评价指标体系，具体内容如图 4-16 所示。

从图 4-16 中可以看出，公路景观视觉协调度（VC_{RL}）有 3 个评价指标，通过调查分析以及查阅相关视觉评价资料，采用式（4.3）计算公路景观视觉协调度（VC_{RL}）。

$$VC_{RL} = \frac{I_{RL} + U_{RL} + D_{RL}}{3} \tag{4.3}$$

式中，VC_{RL} 为公路景观视觉协调度；I_{RL} 为公路景观完整度；U_{RL} 为公路景观统一度；D_{RL} 为公路景观多样度。

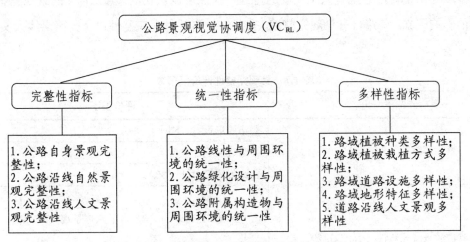

图 4-16　公路景观视觉影响评价指标体系图

4.6.2　公路景观视觉评价指标筛选

通过搜集国内外公路景观设计及评价等相关研究方面的文献，结合我国公路景观的特征，以及我国公路建设目的和区域社会经济生态等状况，搜集评价因子共 87 项，包括：色彩；造型；名胜古迹；广告牌；视觉空间大小；安全设施的色彩及大小；道路感受多样性；视觉导向；视觉连续性；边坡安全措施；空气清新程度；交通顺畅程度；交通标志的色彩及大小；道路与环境色彩及造型的变化；视野内的景观；视觉的连续性；路线与地形或景观的协调性；道路自身因素；上述因素在设计车速下的视觉效果；特殊景观；地形；植被；著名景点；水土流失；林地、湿地、特殊水域、城市生态等特殊地貌；生物量；公路占地；边坡安全措施；噪声；视距；视频；相对坡度和坡向；景观资源历史文化性价值；景观资源实用性价值；景观资源多样性价值；景观资源自然性价值；景观资源优美性价值；景观资源稀有性价值；土壤理化性质；珍稀动植物、野生动植物；生物生境；生态完整性；土地资源的占地类型及面积；占地影响程度；农作物；耕地；水土流失（类型、流失量、弃土工程、路基工程）；空气质量（汽车尾气、路面扬尘、灰土拌和、沥青烟）；土壤稳定性；物种；群落结构；气候因素；土地利用现状及其合理程度；视觉范围；视觉相对高度；色彩对比；特殊风景区；公众关注程度；自然程度；视角；特殊性价值；相融性；土壤侵蚀度；植物丰富度；动物丰富价值度；水体丰富度；植被多样性、自然性；植被覆盖率；植被代表性；空间配置；通视；导向；协调；绿化。按照景观协调度指标体系，把上述指标删减并分配到不同指标层中，得出以下结论。

1. 完整性指标

完整性是指自然景观和人工景观排列的整体性。完整性指标以 I_{RL}（景观完整度）量化。景观完整度是指把自然景观和人工景观的排列整体性予以量化的量度。本文的景观完整性有 3 个方面的影响因素：公路自身景观完整性、公路沿线自然景观完整性以及公路沿线人文景观完整性，见表 4-7。

表 4-7　景观完整性评价因子表

景观完整度（I_{RL}）	评价因子		
公路自身景观完整性（I_{RL-S}）	公路线形设计（S1）		
	公路边坡设计（S2）		
	公路附属物设计（S3）		
公路沿线自然景观完整性（I_{RL-NL}）	山岭区（NL-M）	山体景观（NL-M1）	
		水体景观（NL-M2）	
		植被景观（NL-M3）	
	平原区（NL-P）	水体景观（NL-P1）	
		植被景观（NL-P2）	
公路沿线人文景观完整性（I_{RL-CL}）	名胜古迹破损程度 CL		

（1）公路自身景观完整性（I_{RL-S}）。公路自身景观主要包括公路线形、公路边坡以及公

路附属结构物。公路自身景观的评价因子确定为公路线形设计（S1）、公路边坡设计（S2）和公路附属物设计（S3）。

1）公路线形设计（S1）：对于公路线形设计（S1）的量化采用 5 分值评分法。根据动视觉原理（表 4-8）可知：当行车速度等于 120km/h 时，视野范围小于等于 22°，车前可视距离 D_V=0.417V=50.04m，即驾驶员只能看清 50.04m 以外的物体，而物体在 430m 以外时，因距离太远也无法确认物体的细节，所以车速为 120km/h 时，驾驶员的识别空间为 50～430m、视角为 22°的一个棱台。公路线形投影面积与该棱台投影面积之比即为公路线形在驾驶员视野中所占比例。按照 5 分值评分法，把此值换算为 5，其他按照相应比例换算，得出具体量化值，见表 4-8 及表 4-9。

表 4-8　面积之比计算表

速度/ (km/h)	视角/ (°)	前方模糊区/ m	一般极限视力/ m	视力范围/m	道路面积/m²	视力范围 面积/m²	比例
120	22	50.04	430	379.96	9309.02	35017.52	0.2658
100	40	41.70	430	388.3	9513.35	63935.29	0.1488
80	60	33.36	430	396.64	9717.68	96230.70	0.1010
60	86	25.02	430	404.98	9922.01	138296.08	0.0717
40	100	16.68	430	413.32	10123.34	161112.89	0.0629

表 4-9　公路线形设计指标量化表

指标	行车速度				
	120km/h	100 km/h	80 km/h	60 km/h	40km/h
公路线形设计（S1）	5	2.8	1.9	1.3	1.2

2）公路边坡设计（S2）：公路边坡设计是公路景观的重要组成部分，公路景观的完整性在很大程度上与公路边坡相关。公路边坡指标的量化根据边坡的类型不同分成路堤边坡（上边坡）和路堑边坡（下边坡）。由于上边坡是填方边坡，人在公路上行驶的时候，眼睛距离地面大致为 1.2m，在没有较高的边坡绿化植物存在的情况下，人只关注前方的道路，很少注意到或者无法注意到路基填方边坡的情况，故可与公路线形设计指标归为一体，此处不再详述；有较高绿化植物存在的情况会在之后的量化指标中论述，因此本边坡设计指标中不再考虑下边坡的情况。对于公路上边坡，坡绿化边坡指标的量化计算方法根据边坡坡度以及高度量化，量化方法与公路线形设计指标的量化方法相似，采取投影面积比的方法，其中分子为边坡面积，分母为视野范围内的棱台投影面积，其他情况采用内插法。设计速度为 120km/h 的量化见表 4-10 及表 4-11，其中边坡高度及坡度的取值参照现行的《公路路基设计规范》。

表 4-10　面积之比计算表

坡度	边坡面积/m²		视力范围面积/m²	边坡占视力范围面积/m²	
	H=15m	H=30m		H=15m	H=30m
1:0.1	11455.65	22911.30	35017.52	0.327	0.654
1:0.3	11900.70	23801.40	35017.52	0.340	0.680
1:0.5	12744.25	25488.50	35017.52	0.364	0.728
1:0.75	14248.50	28497.00	35017.52	0.407	0.814
1:0.1	11455.65	22911.30	35017.52	0.327	0.654

表 4-11　公路边坡设计指标量化表

路堑边坡指标量化					
边坡高度	边坡坡度				
	1:0.1	1:0.3	1:0.5	1:0.75	1:1
H=15m	1.7	1.8	2.0	2.2	2.5
H=30m	3.5	3.7	4.0	4.4	5.0

3）公路附属物设计（S3）：公路附属物主要包括桥梁、立交桥、涵洞，以及其他道路交通安全设施。《公路工程技术标准》（JTG B01－2014）规定，公路等级越高，附属物设计越完善。在本次评价中，根据公路等级的不同，给出公路附属物设计指标量化表，见表 4-12。

表 4-12　公路附属物设计指标量化表

指标	公路等级				
	高速公路	一级公路	二级公路	三级公路	其他
公路附属物设计（S3）	5	4	3	2	1

由表 4-12 查出 S1、S2、S3 的值，按照式（4.4）计算 I_{RL-S} 的值。

$$I_{RL-S} = S1+S2+S3 \tag{4.4}$$

式中，I_{RL-S} 为公路自身景观完整性量化值；S1 为公路线形设计量化值；S2 为公路边坡设计量化值；S3 为公路附属结构物设计量化值。

（2）公路沿线自然景观完整性（I_{RL-NL}）。表 4-13 中沿线自然景观完整性按照地形因素分成两个部分：山岭区和平原区。当评价公路处于山岭区时评价因子有 3 个，即山体景观（NL-M1）、水体景观（NL-M2）和植被景观（NL-M3）。这 3 个评价因子的量化采用语义差别量表法，见表 4-13。其中山体景观中美观的量度为视觉景观序列在视域中较为完整，没有异常特征，景观的造型、色彩、材料以及人类建筑或修饰要素与自然环境融合十分和谐，建筑结构、材料和颜色与当地自然环境相协调，除具有多样性外，还包含卓越的诸如形态、线条或颜色模式为主导的视觉元素，道路、构造物、天际线和风景元素地方感知强烈，可见程度高；

不美观意味着人类活动极大程度地损害了自然景色或人造风景，景观破碎程度高，现存的景观要素与自然环境对比显著，并且与自然环境没有视觉联系，视觉次序比较混乱，表现出模糊的、不统一的风景主题，缺乏自然景观衬托，并且分布不雅观、难看的景观要素，如裸露的边坡、枯黄的草木等。水体景观中美观意为水体在视域中具有极为突出的地位，如瀑布、河流、湖泊及其他水体，本身清澈透明，具有良好的自然度，水体的形态和颜色在视觉方面非常突出，水体与周边构筑物的组织协调性很好；不美观意味着路域中的湖泊、小溪或其他水体在视域中作用很小，观赏者无法看到，或者水体形态破碎，水体变质，甚至含有生活垃圾。植被景观中的美观意为植被繁茂、多彩、覆盖率高，有特色，在风景中形成主导的视觉效果，植被具有多样性，在视域中显著；不美观意味着植被覆盖率低而单调，或者在一定区域内过于普通，甚至存在枯黄、裸露等破坏景观的植被元素。

表 4-13　山岭区公路沿线自然景观完整性指标量化表

山体景观（NL-M1）						
美观	5	4	3	2	1	不美观
水体景观（NL-M2）						
美观	5	4	3	2	1	不美观
植被景观（NL-M3）						
美观	5	4	3	2	1	不美观

通过上表得出 NL-M1、NL-M2、NL-M3 的值，按式（4.5）计算山岭区公路沿线自然景观完整性 I_{RL-NL}。

$$山岭区 I_{RL-NL} = (NL\text{-}M1+NL\text{-}M2+NL\text{-}M3)/3 \qquad (4.5)$$

式中，I_{RL-NL} 为公路沿线自然景观完整性量化值；NL-M1 为山体景观量化值；NL-M2 为水体景观量化值；NL-M3 为植被景观量化值。

评价公路处于平原区时，评价因子有两个，分别是水体景观（NL-M2）和植被景观（NL-M3）。这两个评价因子的量化也采用语义差别量表法，与山岭区公路沿线自然景观完整性量化方法一致。

（3）公路沿线人文景观完整性（I_{RL-CL}）。表 4-7 中公路沿线人文景观完整性评价因子只有一个，即名胜古迹破损程度 CL。采用语义差别量表法实施，见表 4-14。其中破坏很小意为景观斑块比较完整，沿线的人文景观保存良好，没有被破坏的痕迹，名胜古迹宜绕则绕，古镇、古建筑物、古朴的环境以及众多文物遗存都完整存在；破坏很大意味着公路直接穿过名胜古迹，造成名胜古迹破碎化甚至消失。

表 4-14　公路沿线人文景观完整性指标量化表

名胜古迹破损程度 CL						
破坏很小	5	4	3	2	1	破坏很大

根据表 4-14 得出 I_{RL-CL} =CL。

通过上述指标的量化，根据式（4.6）得出

$$I_{RL} = \frac{I_{RL-S} + I_{RL-NL} + I_{RL-CL}}{3} \tag{4.6}$$

2. 多样性指标

多样性涉及景观中的变化及差异。在景观中见到的多样性程度取决于许多因素。所有自然界的生命以及人造地貌和活动都会或多或少依赖一个地区的土壤、地质和水体。景观中的多样化程度也受气候的影响。

在公路景观视觉影响评价中，多样性指标用公路景观多样度 D_{RL} 表示。而公路景观多样度也有其影响因子，如路域植被多样性、路域道路设施多样性、路域地形特征多样性、道路沿线人文景观多样性。对景观多样性的影响因素进行评价因子的筛选，结果见表 4-15。

表 4-15　景观多样性评价因子表

公路景观多样度 D_{RL}	评价因子		
路域植被多样性（D_{RL-V}）	植被种类丰富度 V1		
	植被造型多样性 V2		
	色彩多样性 V3		
路域道路设施多样性（D_{RL-F}）	桥梁形式 F1		
	立交形式 F2		
	广告牌造型及色彩 F3		
	交通标志的色彩 F4		
	安全设施的色彩 F5		
路域地形特征多样性（D_{RL-T}）	地形变化度 T1		
	地形地貌离奇度 T2		
	地貌类型 T3		
	水体流域面积 T4		
	水域景观欣赏性 T5		
道路沿线人文景观多样性（D_{RL-C}）	景区规模 C1		
	古迹建筑色彩 C2		
	特殊自然风景区 C3		
	路域两侧城镇（C4）	城镇距离道路的距离 C41	
		城镇大小 C42	
		经济发达程度 C43	
		环境状况 C44	

（1）路域植被多样性（D_{RL-V}）。由表 4-15 可知，路域植被多样性的影响因子有 3 个，包括植被种类丰富度 V1、植被造型多样性 V2 和色彩多样性 V3。

1）植被种类丰富度 V1。我国国土面积广阔，各地区的气候差异也非常大。因此，根据各地区降水量及气候条件，按照植被的覆盖情况把我国分成 5 个自然区域，区域内的植物种类丰富度认为是统一值，其分区见表 4-16。

表 4-16　中国植被丰富度自然区划表

分级	一级	二级	三级	四级
色彩描述	黄色	蓝色	红色	绿色
分级描述	我国的东部大部分地区以及东北地区，区域内的植被覆盖率最高，物种非常丰富	主要分布在我国的东部地区，该区域的植被覆盖率稍低，植被种类较丰富	主要分布在我国南北分界线上以及新疆北部，植被覆盖率较低，物种少	主要分布在我国的西北沙漠及戈壁地区，该区域植被覆盖率极低，物种匮乏

根据表 4-16 可知，一级区域的植物种类最多，五级区域的植物种类最少。本次评价中植被种类丰富度 V1 的取值见表 4-17。

表 4-17　植被种类丰富度取值表

自然区划	一级	二级	三级	四级	五级
取值 V1	5	4	3	2	1

2）植被造型多样性 V2。在评价区域收集植被造型照片，采用经验法根据个人喜好确定其植被造型的多样性指标。在植被造型的多样性指标量化时，采用语义差别量表法。其中丰富意味着植被造型多样，具有较强的空间感、层次感、韵律和动感，并具有一定的意境美，各种造型在统一中有变化，在变化中存在相应的统一；不丰富意味着植被单调，没有造型或者即便存在造型，但各造型不协调，缺乏空间感和层次感，甚至所设计的造型给人以丑陋的感觉。本次评价中植被造型的多样性指标量化表见表 4-18。

表 4-18　植被造型的多样性指标量化表

植被造型的多样性指标 V2					
丰富	5	4	3	2	1　　　　不丰富

3）色彩多样性 V3。色彩丰富性指标的量化也是在现场收集评价区域照片的基础上，采用经验法根据个人喜好确定色彩多样性指标。在确定该指标时，同样采用语义差别量表法，见表 4-19。其中丰富意味着各种色彩的色相、明度、彩度变化多样，不同的色彩能产生相互衬托的对比效果，对比色配置的景物能产生对比的艺术效果，给人以强烈、醒目的美感，邻补色给人以淡雅的感觉，多种植物的叶色、花色、果色、干皮的色彩及植物色彩造景等方面配合得当，

并散发着地方性和民族性；不丰富意味着色彩很少，自然色彩的纯度降低，色相发生变化，呈现"千篇一律"的苍白状态，或者尽管色彩不少但各种色彩相互排斥，造成路域文化特色及其个性形态的缺失，缺乏主色调，局部色彩零乱，形成一种杂乱无章的状态。

表 4-19　色彩多样性指标量化表

色彩多样性指标 V3						
丰富	5	4	3	2	1	不丰富

根据上述指标采用式（4.7）计算 D_{RL-V}。

$$D_{RL-V} = V1 + V2 + V3 \qquad (4.7)$$

式中，D_{RL-V} 为路域植被多样性量化值；V1 为植被种类丰富度量化值；V2 为植被造型多样性量化值；V3 为色彩多样性量化值。

（2）路域道路设施多样性（D_{RL-F}）。路域道路设施多样性的影响因子有 5 个，即桥梁形式 F1、立交形式 F2、广告牌造型及色彩 F3、交通标志的色彩 F4 和安全设施的色彩 F5。

1）桥梁形式 F1、立交形式 F2。桥梁的造型、新旧程度和与周围环境的协调性反映了桥梁景观对整个公路景观的影响，根据现有桥梁景观描述和《桥梁景观概论》中的第十章桥梁景观的美学评价给出桥梁景观各评价指标的评价标准。在确定该指标时采用语义差别量表法，见表 4-20。同时，立交形式 F2 的量化也按照该表进行量化。

表 4-20　桥梁形式 F1、立交形式 F2 量化表

评价指标	评价标准				
	1	2	3	4	5
造型	观赏性差	观赏性较差	观赏性一般	观赏性较强	具有很强的观赏性

2）广告牌造型及色彩 F3、交通标志的色彩 F4、安全设施的色彩 F5。各种设施色彩丰富性指标的量化是在现场收集评价区域照片的基础上，采用经验法，根据个人喜好确定色彩多样性指标。在确定该指标时，同样采用语义差别量表法，见表 4-20。

根据上述指标利用式（4.8）计算 D_{RL-F}。

$$D_{RL-F} = F1 + F2 + F3 + F4 + F5 \qquad (4.8)$$

式中，D_{RL-F} 为路域道路设施多样性量化值；F1 为桥梁形式量化值；F2 为立交形式量化值；F3 为广告牌造型及色彩量化值；F4 为交通标志的色彩量化值；F5 为安全设施的色彩量化值。

（3）路域地形特征多样性（D_{RL-T}）。由表 4-15 可知，路域地形特征多样性的评价因子有 5 个，即地形变化度 T1、地形地貌离奇度 T2、地貌类型 T3、水体流域面积 T4 和水域景观观赏性 T5。关于地形地貌的评价描述集中体现在对风景区和森林公园资源的评定上，这一方面已经形成了相关的行业标准与规范，本课题参考《水利风景区评价标准》（SL 300－2004）

和《中国森林公园风景资源质量等级评定》（GB/T 18005—1999）进行量化。

对于水体景观评价因子的量化，主要参照美国森林署"视觉管理系统"（VMS）中的景观多样性等级。水域景观的流域面积主要反映水域的大小，以此来表征水体景观的多样性等级。水域景观的观赏性主要反映水体的丰富程度及观赏价值。参照《水利风景区评价标准》（SL300-2004）确定水域景观观赏度的评价标准。具体指标量化值见表 4-21。

表 4-21　路域地形特征多样性指标量化表

评价指标	评价标准				
	1	2	3	4	5
地形变化度 T1	丘陵、平缓起伏小	低山、起伏较小	高山、连绵有起伏	高山、起伏较大	山峰孤立、起伏较大
地形地貌离奇度 T2	不具备景观观赏性	具备一定的景观观赏性	有某些特色，欣赏性较好	国内少见，具有很强的观赏性	国内外少见，具有很强的观赏性
地貌类型 T3	<1 个	2～3 个	3～4 个	4～5 个	>5 个
水体流域面积 T4（km²）	<2500	2500～15000	15000～28000	28000～40000	>40000
水域景观观赏性 T5	普通水域景观，无观赏性	有一定区域特色的水域景观	省内有特色的水域景观	国内有特色的水域景观	国内外有特色的水域景观

根据上述指标按照式（4.9）计算 D_{RL-T}。

$$D_{RL-T} = T1+T2+T3+T4+T5 \tag{4.9}$$

式中，D_{RL-T} 为路域地形特征多样性量化值；T1 为地形变化度量化值；T2 为地形地貌离奇度量化值；T3 为地貌类型量化值；T4 为水体流域面积量化值；T5 为水域景观观赏性量化值。

（4）道路沿线人文景观多样性（D_{RL-C}）。道路沿线人文景观包括名胜古迹和路域两侧城镇景观两个部分。

对于路域两侧城镇景观因子来说，以城市规划法为基础，结合各地区规划发展纲要，通过以下 4 个指标来反映。其中城镇距离道路的距离决定了城镇景观对公路景观的影响度；公路途经城镇规模主要反映公路途经城镇的大小及其发展潜力；公路途经城镇经济状况主要反映公路途经城镇的经济发展程度和水平；公路途经城镇环境状况主要反映公路途经城镇的环境、绿化程度。城镇景观影响因子量化见表 4-22。

表 4-22　路域两侧城镇景观影响因子量化表

评价指标	评价标准				
	1	2	3	4	5
城镇距离道路的距离 C41	>10km	10～5km	5～3km	1～3km	<1km
城镇大小 C42	较小	小	中等	较大	大

评价指标	评价标准				
	1	2	3	4	5
经济发达程度 C43	落后地区	较落后地区	中等区域	较发达地区	发达地区
环境状况 C44	差	较差	一般	较好	好

参照《中国森林公园风景资源质量等级评定》（GB/T 18005—1999）确定景区规模各评价等级的标准。公路途经区域景区级别主要反映景区在国内外的知名程度及对旅游者的吸引程度，参照《风景名胜区规划规范》（GB 50298—1999）及各景区特点，结合实际描述确定景区级别的评价标准。公路途经景区的可达度主要反映景区的可及程度，参照《风景名胜区规划规范》（GB 50298—1999）确定可达度的评价标准，见表 4-23。

表 4-23　景区景观影响因子量化表

评价指标	评价标准				
	1	2	3	4	5
景区规模 C1	景点	<20km²	21～100km²	101～500km²	>500km²
古迹建筑色彩 C2	暗淡	较灰暗	一般	较明亮	明亮
特殊自然风景区 C3	无	<3	3～5	5～7	>7

根据上述指标计算 C4=(C41+C42+C43+C44)/4。

按照式（4.10）计算 D_{RL-C}。

$$D_{RL-C} = C1+C2+C3+C4 \tag{4.10}$$

式中，D_{RL-C} 为道路沿线人文景观多样性量化值；C1 为景区规模量化值；C2 为古迹建筑色彩量化值；C3 为特殊自然风景区量化值；C4 为路域两侧城镇景观影响因子量化值。

通过上述指标的量化，由式（4.11）得出 D_{RL}。

$$D_{RL} = \frac{D_{RL-V} + D_{RL-F} + D_{RL-T} + D_{RL-C}}{4} \tag{4.11}$$

3. 统一性指标

统一性寻求多种原则间的平衡和它们之间的和谐关系，在公路景观中，统一性涉及景观中部分和整体的关系，使设计的各个部分相关联而成为整体。景观互相结合的视觉资源构成尺度一致、和谐的视觉形式。

公路景观统一性用公路景观统一度量化，公路景观统一度是指公路景观与路域自然景观统一的量化指标，用 U_{RL} 表示。通过分析、调查，公路景观视觉影响评价中所涉及的公路景观统一性的影响因子有以下 4 个：公路线形与周围环境的统一性、公路绿化设计与周围环境的统一性、公路附属构造物与周围环境的统一性以及生态环境破坏程度。通过分析调研，对景观统一度的影响因素进行评价因子的筛选，见表 4-24。

表 4-24　公路景观统一度的影响因素评价因子表

公路景观统一度 U_{RL}	评价因子
公路线形与周围环境的统一性（U_{RL-L}）	平面线形 L1
	路基边坡坡度 L2
	路堑边坡坡度 L3
	坡高 L4
	坡长 L5
公路绿化设计与周围环境的统一性（U_{RL-G}）	植物栽植方式可观赏性 G1
	植物栽植物种 G2
	植被景观的完整程度 G3
公路附属构造物与周围环境的统一性（U_{RL-S}）	构造物造型 S1
	构造物色彩 S2
生态环境破坏程度（U_{RL-E}）	破坏类型 E1
	破坏面积 E2
	破坏程度 E3
	易恢复程度 E4

（1）公路线形与周围环境的统一性（U_{RL-L}）。表 4-24 给出公路线形与周围环境的统一性的评价因子有 5 个，即平面线形 L1、路基边坡坡度 L2、路堑边坡坡度 L3、坡高 L4 和坡长 L5。

线形与地形的融合程度是衡量公路线形与周围环境统一度的一个重要评价因子。道路修建完成时，如果道路线形与地形融合较好，在道路上行驶的人会有一种走在自然当中的感觉。公路线形与周围环境的统一性高，采用公众参与的方法，用语义差别量表法对公路线形与周围环境的统一性进行量化，具体量化方法见表 4-25。

表 4-25　公路线形与周围环境的统一性量化表

评价指标	评价标准				
	1	2	3	4	5
线形 L1	融合程度极差	融合程度差	融合程度一般	融合程度好	融合程度极好

坡度主要反映土质边坡的稳定性，根据坡度与土壤边坡稳定性的关系（坡度越大，土壤边坡越不稳定）来确定坡度的评价等级。

坡长主要反映两侧边坡的完整程度或零碎程度，如果单位长度（3km）内的平均坡长过短则视觉上过于零乱。因此，根据平均车速设定坡长的评价等级。

坡高主要反映两侧边坡对旅游者视线的阻挡程度。因此，根据坡高对旅游者的视线阻挡程度不同，设定坡高的评价等级，见表 4-26。

表 4-26　坡度、坡长、坡高指标量化表

评价指标	评价标准				
	1	2	3	4	5
路基边坡坡度 L2	>65°	45°～65°	30°～45°	10°～30°	0～10°
路堑边坡坡度 L3	>65°	45°～65°	30°～45°	10°～30°	0～10°
坡高 L4	视线完全遮挡>5m	对两翼优美景观严重遮挡4～5m	对两翼优美景观有遮挡3～4m	对两翼优美景观局部遮挡2～3m	对两翼优美景观无遮挡<2m
坡长 L5	>200m	140～200m	80～140m	30～80m	<30m

按照式（4.12）计算 U_{RL-L}。

$$U_{RL-L} = L1 + L2 + L3 + L4 + L5 \qquad (4.12)$$

式中，U_{RL-L} 为公路线形与周围环境的统一性量化值；L1 为平面线形量化值；L2 为路基边坡坡度量化值；L3 为路堑边坡坡度量化值；L4 为坡高量化值；L5 为坡长量化值。

（2）公路绿化设计与周围环境的统一性（U_{RL-G}）。表 4-20 给出公路绿化设计与周围环境的统一性的评价因子有 3 个，即植物栽植方式可观赏性 G1、植物栽植物种 G2 和植被景观的完整程度 G3。

公路景观绿化是指人们在公路沿线合理、科学地种植植物，以改变和提高公路沿线环境质量。在公路景观视觉影响评价中，公路绿化设计是否合理是评价的一个重要因子，由此得出表 4-27 所示的公路景观绿化因子量化表。

表 4-27　公路景观绿化因子量化表

评价指标	评价标准				
	1	2	3	4	5
植物栽植方式可观赏性 G1	栽植方式凌乱，不具备观赏性	部分栽植方式凌乱，观赏性差	栽植方式一般，观赏性一般	部分栽植方式新颖，观赏性较好	采用具有观赏性的栽植方式
植物栽植物种 G2	选用当地物种中的少数几类（<5）	选用当地物种中的几类	当地物种基本都有	选用当地物种并配以其他引进物种	选用当地物种并配以其他大量引进物种
植被景观的完整程度 G3	景观非常零散，受严重干扰	大部分景观类型零碎	景观部分完整，部分零碎	较少几类景观破碎、整体性完整	景观具备一定的规模、完整

按照式（4.13）计算 U_{RL-G}。

$$U_{RL-G} = G1 + G2 + G3 \qquad (4.13)$$

式中，U_{RL-G} 为公路绿化设计与周围环境的统一性量化值；G1 为植物栽植方式可观赏性量化值；G2 为植物栽植物种量化值；G3 为植被景观的完整程度量化值。

（3）公路附属构造物与周围环境的统一性（U_{RL-S}）。公路附属构造物与周围环境的统一性的评价因子有两个，即构造物造型 S1 及构造物色彩 S2。量化方法见表 4-28。

表 4-28　公路附属构造物与周围环境的统一性评价因子量化表

评价指标	评价标准				
	1	2	3	4	5
构造物造型 S1	观赏性差	观赏性较差	观赏性一般	观赏性较强	观赏性很强
构造物色彩 S2	暗淡	较灰暗	一般	较明亮	明亮

按照式（4.14）计算 U_{RL-S}。

$$U_{RL-S} = S1 + S2 \qquad (4.14)$$

式中，U_{RL-S} 为公路附属构造物与周围环境的统一性量化值；S1 为构造物造型量化值；S2 为构造物色彩量化值。

（4）生态环境破坏程度（U_{RL-E}）。生态环境的破坏是一个非常不确定的因子，在很大程度上难以确定，本课题根据《环境评价法》中有关生态环境评价的描述，结合路域自身特点，通过咨询专家来加以确定。生态环境破坏程度分为 4 个，即破坏类型 E1、破坏面积 E2、破坏程度 E3 和易恢复程度 E4。其中，生态环境破坏类型数主要反映干扰类型的多少，生态环境破坏面积主要反映干扰破坏的程度，生态环境破坏的易恢复程度主要反映干扰破坏的强度，量化表见表 4-29。

表 4-29　生态环境破坏程度评价因子量化表

评价指标	评价标准				
	1	2	3	4	5
破坏类型 E1	>6 种	5～6 种	3～4 种	1～2 种	<1 种
破坏面积 E2/m²	>2 万	14000～20000	8000～14000	2000～8000	<2000
破坏程度 E3	严重，大于 40%	较重，20%～40%	一般，10%～20%	轻微破坏，5%～10%	基本无破坏小于 5%
易恢复程度 E4	无法恢复	不能完全恢复	大量投入能恢复	简单措施能恢复	能自然恢复

按照式（4.15）计算 U_{RL-E}。

$$U_{RL-E} = E1 + E2 + E3 + E4 \qquad (4.15)$$

式中，U_{RL-E} 为生态环境破坏程度量化值；E1 为破坏类型量化值；E2 为破坏面积量化值；E3 为破坏程度量化值；E4 为易恢复程度量化值。

通过上述指标的量化得出式（4.16）。

$$U_{RL} = \frac{U_{RL-L} + U_{RL-G} + U_{RL-S} + U_{RL-E}}{4} \qquad (4.16)$$

4.6.3 公路景观视觉综合评价

通过上文论述，根据评价区域的现状计算出相关指标，最后计算得出公路景观视觉协调度（VC_{RL}）。根据评价因子取值的不同，得出公路景观视觉协调度与状态的关系，见表 4-30。

表 4-30 公路景观视觉协调度（VC_{RL}）分级标准

分级范围	16～13	12～9	8～5	4～3	<3
状态	协调	基本协调	需要协调	基本不协调	不协调

当 $13 \leqslant VC_{RL} \leqslant 16$ 时，认为公路景观设计是协调的。这时公路景观设计与周围自然环境的协调性最好，能够最大限度地利用自然景观，公路景观可以融入到自然景观之中。公路使用者在道路上行驶时感觉舒适，无不良感觉。

当 $9 \leqslant VC_{RL} \leqslant 12$ 时，认为公路景观设计是基本协调的。公路景观设计基本上达到与周围景观协调。公路景观设计还需要改进。公路使用者在道路上行驶时，基本感觉舒适，公路景观与周围自然景观的结合较好。

当 $5 \leqslant VC_{RL} \leqslant 8$ 时，认为公路景观设计需改进，公路景观与周围路域景观有轻微不协调感。道路使用者在道路上行驶时，能感觉到景观的单调与公路景观的不融入性。公路景观设计需要进行改进或修改。

当 $3 \leqslant VC_{RL} \leqslant 4$ 时，认为公路景观与周围自然景观基本不协调。道路使用者在行驶时，感觉到明显的不适，公路景观设计与路域自然景观不协调。景观设计需要进行修改，必要时需要重新进行景观设计。

当 $VC_{RL} < 3$ 时，认为公路景观设计是失败的，这时需要重新设计公路景观。

第 5 章　基于三维动态模型的生态景观恢复效果仿真

5.1　生态景观恢复效果三维动态仿真方法

5.1.1　UC-win/Road 简介

UC-win/Road 是由日本株式会社研发的一款三维动画软件。该软件可通过简单的 PC 操作，进行三维仿真模拟，不仅能够在运动的三维空间实施操作，而且在道路桥梁、城市规划等各种公共事业建设中，为相关人员进行方案比较、设计施工、协议制定等提供一个广阔的公共平台。此软件编辑地形方便，标准模型与材质可根据实际情况自行制作，交通量可进行动态模拟。使用该软件可通过丰富的三维具体材质进行人流状态模拟、车行模拟、飞行模拟、河流水文模拟以及园林效果、施工方法等各方面模拟，可以逼真地展现设计者的思想。

具体的制作流程如图 5-1 所示。

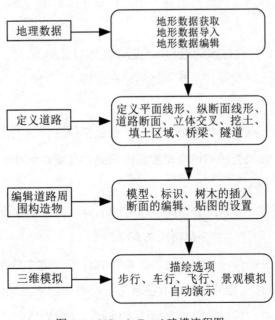

图 5-1　UC-win/Road 建模流程图

5.1.2　三维仿真模型的建立

1. 建模区域地理数据收集及导入

建立三维仿真模型之前，首先要收集基础资料，如图 5-2 所示。

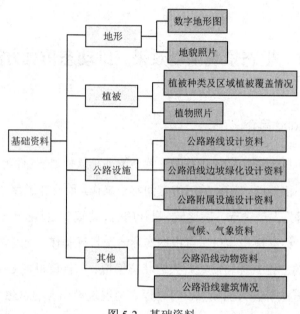

图 5-2　基础资料

（1）地形。其主要收集建模区域的地形图，以数字地形图为主，同时辅助收集建模区域的地貌照片。

1）地形、地貌资料：建模区域的地形、地貌、原始自然形态、色彩及人为变动后的状态。

2）水体：建模区域水体的形式及其所处的地理位置。

（2）植被。

1）植物种类：建模区域内植物栽植情况，主要包括植物物种、栽植方式及栽植密度等。

2）植被覆盖情况：建模区域的植被覆盖具体情况，并辅以照片加以说明。

（3）公路设施。

1）公路路线设计资料：是建立公路路域模型的基础。其主要收集路线平面线形、纵断面线形及横断面设计资料，用于建立公路路线仿真模型。

2）公路沿线边坡、分隔带绿化设计资料：高等级公路修建时需要设计分隔带；公路穿过平原、山岭区时，需要修建一定的路堑或者路基边坡，并在边坡上绿化栽植。

3）公路设施设计资料：包括公路标志标线、桥梁、照明设施、立交、收费场站、安全设施等。

（4）其他。为了使三维仿真模型达到一定的真实性，还需收集以下资料。

1）气候气象资料。

2）公路沿线动物资源。

3）公路沿线建筑物形状以及位置资料。

在收集到具体资料之后就可以建立建模区域的地形模型。使用 UC-win/Road 软件中的"载入地形补丁数据"工具，将做好的 XML 格式的地形数据文件载入，得出道路沿线的基本地形模型。具体流程如图 5-3 所示。

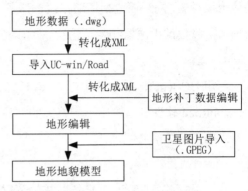

图 5-3　地形模型制作流程图

2. 定义道路

在得出的三维模型上根据平面交点文件定义道路，使用 UC-win/Road 软件中的"定义道路"工具定义公路的平面线形；根据纵断面设计文件定义道路的纵断面线形；同时利用该软件中的"编辑道路横断面"工具制作道路的横断面，主要包括横断面的具体尺寸、边坡及边坡绿化形式、中央分隔带尺寸及绿化设计、隧道桥梁的设计，如图 5-4 所示。

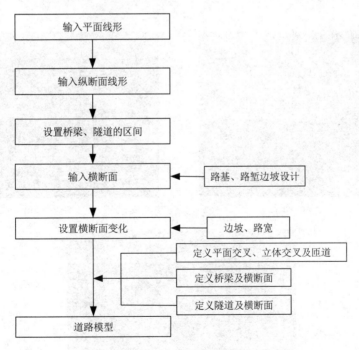

图 5-4　定义道路流程图

3. 编辑道路周围景观

道路所在地基本地形模型及道路模型建立完成之后，可以使用 UC-win/Road 软件设置道路及道路周围的其他自然景观，主要包括道路上的标志标线，道路两侧设置的护栏、路灯以及其他附属设施，同时还包括道路沿线的服务区、居民区和土地利用状况。当道路处于山岭区时，根据实际收集的山区植物栽植情况，编辑道路模型两侧的植物栽植。

4. 模拟

利用 UC-win/Road 软件中的"模拟"工具，根据使用者的目的，制作输出所要求的模型。UC-win/Road 软件可以输出不同格式的文件，如 JPEG 图像、AVI 视频等，可根据使用者的不同要求输出具体的效果图。

5.2 某高速公路生态景观恢复效果仿真

5.2.1 边坡生态景观恢复效果仿真

利用 UC-win/Road，根据以上方法，针对不同地段的生态特点，对本课题生态恢复体系中的典型方案进行生态景观恢复效果仿真，如图 5-5 至图 5-8 所示。

（1）路堤。

（a）1～3m 路堤　　　　　　　（b）3～5m 路堤

（c）5m 以上路堤

图 5-5　路堤生态景观恢复效果图

（2）路堑。

（a）边坡植草

（b）边坡孤石

图 5-6　路堑生态景观恢复效果图（挖方较小、未设工程防护）

（a）未设置阶梯式平台（骨架护坡）

（b）设置阶梯式平台（骨架护坡）

（c）边坡吊篮（混凝土铆喷或浆砌片石）

（d）边坡植草

图 5-7　路堑生态景观恢复效果图（挖方较大、设置工程防护的路段）

图 5-8　路堑生态景观恢复效果图（边坡平台）

5.2.2　立交区生态恢复效果仿真

立交区生态景观恢复效果图如图 5-9 所示。

（a）立交主线　　　　　　　　　　　　　　（b）立交区域绿化

图 5-9　立交区生态景观恢复效果图

5.2.3　桥梁区生态景观恢复效果仿真

桥梁区生态景观恢复效果图如图 5-10 所示。

图 5-10　桥梁区生态景观恢复效果图

5.2.4 隧道区生态景观恢复效果仿真

隧道区生态景观恢复效果图如图 5-11 所示。

（a）隧道洞口形式图 　　　　　　　　（b）隧道洞口整体生态景观图

图 5-11　隧道区生态景观恢复效果图

5.2.5 绿化带生态景观恢复效果仿真

绿化带生态景观恢复效果图如图 5-12 所示。

图 5-12　绿化带生态景观恢复效果图

第6章 岩溶地区高速公路设计理念与路线设计方法研究

6.1 岩溶地区高速公路多目标协调设计理念

公路设计理念是公路设计人员在长期的公路工程实践过程中，在一定自然与社会环境条件下，通过理性的观察、理性的体验和理性的思考，所确立的公路设计指导思想和设计哲学观点，是具有相对稳定性、延续性和指向性的设计认识、理性的观念体系。岩溶地区高速公路设计理念是公路设计人员在岩溶地区特殊地质、地貌、生态等自然环境和少数民族文化、人文历史遗存等社会环境条件的约束下，经过长期公路设计与建设实践所确立的高速公路设计指导思想和设计哲学观点。

6.1.1 岩溶地区高速公路设计理念的提出

在新中国成立的半个多世纪里，我国公路的发展先后经历了改革开放前的长期滞后阶段、改革开放后到20世纪90年代中期的严重制约阶段和20世纪90年代中期至今的明显缓解阶段。公路勘测设计作为公路建设的重要环节，设计理念受各个阶段大的建设环境的影响。公路工程技术人员在上述各个阶段都提出了适应当时环境要求的、具有鲜明社会价值取向的设计理念。

20世纪90年代中期至今，我国采取了扩大内需的积极财政政策，以推动国民经济快速、稳步的增长，扩大内需行之有效的措施是大规模启动基础建设项目，这给公路建设带来了前所未有的发展机遇，加之交通增长对公路建设的强烈要求，修建高速公路成了公路建设的主旋律。这个时期技术标准与工程造价之间矛盾已不突出，公路设计理念强调"安全、快速、环保、美观"。在2004年全国公路勘测设计会议上，交通部冯正霖副部长针对目前公路设计存在的问题，根据树立和落实科学发展观的要求提出了"六个坚持，六个树立"的设计新理念，标志着我国公路设计理念有了一次质的飞跃。这些新理念如下：

（1）坚持以人为本，树立安全至上的理念。

（2）坚持人与自然相和谐，树立尊重自然、保护环境的理念。

（3）坚持可持续发展，树立节约资源的理念。

（4）坚持质量第一，树立让公众满意的理念。

（5）坚持合理选用技术指标，树立设计创作的理念。

（6）坚持系统论的思想，树立全寿命周期成本的理念。

岩溶地区高速公路的建设需要面对岩溶地区复杂的地质环境、特殊的地貌条件和脆弱的生态系统等自然环境问题，同时也要处理高速公路建设与沿线村镇、少数民族文化、历史人文遗存等社会环境问题。

广西岩溶地区高速公路建设所面对的特殊自然和社会环境，对设计人员提出了更高的要求，要求设计者的设计理念要及时从传统的经济思维模式转变过来，树立全局观念和公路建设可持续发展的思想，均衡协调处理岩溶地区高速公路设计中遇到的各种矛盾。

勘察设计是工程建设的灵魂，更新建设理念的前提和核心是要更新设计理念。作为公路勘测设计人员，如果不彻底转变设计理念，进而转变设计方法和习惯，将难以承担公路可持续发展的历史重任，使公路建设重走低水平、低标准、低质量的老路。因此，更新设计理念已成当务之急。课题组在详细分析目前公路设计存在的问题和对国内外公路设计理念消化吸收的基础上，提出了岩溶地区公路设计应树立的设计理念、工程设计哲学及指导思想：以多目标协调设计为原则，公路功能为主线，地质、生态选线优先，灵活运用技术指标，平衡处理安全、经济、美观、舒适的关系，促进公路建设科学、可持续发展。

6.1.2　公路设计目标分析

公路路线设计属于多目标决策问题，设计目标包括安全（交通安全和结构安全）、经济（工程经济和运营经济）、环保、功能、美观、交通质量（通行能力、服务水平及舒适）6 个主要方面。公路路线设计的目标是相互平衡、协调的关系，有时又是相互矛盾和相互冲突的，不可能将某一目标最大化而不降低其他目标。

设计者的任务在于根据公路实际设计背景（Design Context），平衡各设计目标的关系，寻找大家都可以接受的"折中"方案。实现公路设计项目所有设计目标均达到最优是不可能的，不存在绝对最优的情况。然而，平衡的含义并不是均等，设计者需要根据具体设计背景，确定主要设计目标，同时尽量兼顾其他设计目标。

对于岩溶地区高速公路的路线设计而言，高速公路所承担的干线功能是主线。考虑到岩溶地区特殊地质、生态条件，路线设计中，岩溶地质和路域石漠化趋势成为重要的控制因素，因而应以地质（结构安全）、环保优先，兼顾交通安全、经济、美观和交通质量等设计目标。

公路设计人员在进行设计多目标决策，寻求各个设计目标的平衡点时，应注意处理好以下问题。

（1）工程经济目标的考虑。公路设计各个目标均与公路的经济条件有关，如果忽视经济条件，不论将美学、环保、功能和安全标准提到多高，都是可以做到的，关键是如何在有效的经济能力范围内，提高公路设计成效。离开实际的经济条件限制谈其他设计目标是没有意义的，设计者对此应有充分的思想认识。我们反对仅把经济目标作为评价公路设计好坏或选择方案的唯一标准，同时，也不能不顾经济条件的限制，不切实际地盲目追求高指标。设计者应该在有限的经济条件范围内，协调其他目标的关系，以使公路建设的综合效益最佳。

（2）交通安全目标的考虑。交通部 2004 年颁布的《公路勘察设计典型示范工程咨询要点》明确提出"安全、环保、舒适、和谐"的设计理念，同时指出"应把安全放在首位，采取一切有效方法和措施，保证公路设施自身安全、运行车辆行驶安全及行人等的安全"。"树立安全至上的理念"是保证公路交通运输全面、协调、可持续发展的必然要求。

公路设计者在设计过程中，把安全放在核心位置，遵循以下原则进行道路设计。

1）扩大道路的"安全空间"原则。一是尽量采用良好的线形参数，充分注意道路条件要素的一致性、协调性和诱导性。二是保证足够的安全"净区"（路肩边缘至路边障碍物的距离）。

2）提高道路"宽容度"的原则。在路网规划和线形设计阶段，通过合理的调整和设计，让道路环境尽可能"宽容"，不应当强迫驾驶员改变行车状态来适应道路，尽量满足驾驶员的期望，减轻驾驶员的劳动量。即使有的驾驶员偶尔出现驾驶操纵错误，仍然能够保证安全行车的道路条件，对危险起到消除或减缓作用，避免了交通事故的发生或减轻了交通事故的损伤程度。

（3）公路景观问题的考虑。道路景观指道路本身形成的景观以及道路沿线的自然景观和人文景观，是展现在道路使用者视野中的道路线形、道路构造物和周围环境共同组成的图景。公路景观设计的基本要求如下：

1）根据工程及沿线区域环境特征或行政区划等，宜将道路划分为若干景观设计路段，各景观设计路段宜选择大型构造物和沿线有特色的景物作为设计景点。道路景观设计尽可能做到点、线、面兼顾，整体统一，使道路与沿线景观相协调。

2）道路沿线各种人工构造物的造型与色彩应考虑景观效果和驾驶员视觉效果，尽可能减少或消除各种构造物对自然景观的不利影响。

3）有条件时，应充分利用各种人工构造物和绿化补偿、改善道路沿线景观，并结合不同路段区域环境特征形成其特有的风格。

4）合理组合路线平、纵、横面，保证线形流畅、视野开阔，并与自然地形相适应，避免大的切割自然地形。

5）利用道路沿线设施和各种人工构造物，诱导驾驶员视线，预告道路前方路况的变化，以适时采取安全行驶措施。

6.1.3 以公路功能为主线

公路设计和其他任何产品的设计一样，是以满足人们的需求为目的的。我国现行公路工程技术标准在确定公路等级时，强调功能、路网规划与交通量等因素。在条文说明中明确提出："确定一条公路的等级，应首先确定该公路的功能，是干线公路，还是集散公路，即属于直达还是连接，以及是否需要控制出入等，然后根据预测交通量初拟公路等级；然后再结合地形、交通组成等，确定设计速度、路基宽度"，突出了以功能作为选用公路等级和确定设计目标的理念。因此，本课题将公路的功能重要性也提到很高的地位，将其作为公路设计的主线。在设计中要做到以功能为主线，首先应该明确公路的功能划分和不同功能的公路的特征及人们对它的要求。

公路功能分类的目的，是使规划设计及管理者在公路发展及管理上，能够将公路系统构建在有层次、功能分明的发展架构上，亦即不同性质的运输（长度、目的等）就应提供不同等级的公路系统来服务，当然也就必须有不同的设计标准及管制方式，来达到其预期的功能。

高速公路既是技术分类也是功能分类，它应该被用于大交通量、出行距离长的主要干线上，应该作为"永久设施"考虑，避免其"街道化"。坚持以功能为主线要避免以下两种倾向：

（1）割裂功能和形式的辩证统一而偏执一端的片面现象。

（2）功能与形式的人为割裂，也就是将设计中有关审美的部分都归结为形式，使形式成为审美价值的唯一体现。

6.1.4 岩溶地区地质选线优先的设计理念

地质选线的目的是选择经济合理的公路路线设计方案，避免路线通过严重地质不良地段和防止发生严重工程地质病害，使公路路线方案在地质环境好即岩溶地质现象发育比较弱的区域内，以规避重大工程风险，确保公路建设项目技术可行、安全可靠。地质选线的关键是：通过大范围的地质条件对比分析和路线方案合理布设与比选，选择既满足公路交通需求又满足地质条件约束的路线方案，实现公路交通的可持续发展。

对于广西地区而言，岩溶作为主要地质条件对于公路路线方案的选择具有突出的控制作用。广西地区高速公路建设过程中需要面对的主要工程地质危害包括：岩溶水的侵袭；岩溶洞穴对工程稳定性的影响；松软堆积物的坍塌；岩溶区覆盖层大面积的塌陷，威胁建筑物的安全；等等。

近年来，岩溶地区高速公路修建取得了巨大成就，相关设计人员对岩溶地区高速公路地质选线方法和经验进行了系统的总结，结合岩溶地区地形、地质情况，岩溶地区高速公路地质选线基本要求可概括为如下几点。

（1）河谷地段地质选线基本要领就是提前避开地质条件复杂的河流峡谷，最大限度地减少对不良地质地段的扰动，尽量不人为破坏已经天然形成的山体平衡状态，贯彻两岸查清、跨河绕避、内移取直、桥隧代路、安全地带夹缝通过、在不稳定的大环境寻找相对稳定的部位通过的原则。在技术经济比较的基础上，采用多跨、中长隧、顺河桥绕避岩溶地质发育地段，减少高填、深挖和小隧道群。

（2）越岭段地质选线应超前开展大范围区域地质勘察，综合考虑越岭长隧道和两端引线，在大区域路线方案比选的基础上，确定地质条件相对较好的较小范围，进一步深化、细化方案比选。

（3）活动性断裂带地质选线在大区域查清活动性断裂构造特征和稳定性差异的基础上，路线选择相对稳定的构造部位通过，以简单工程跨主干断层，重点工程位于相对安全部位。

6.1.5 岩溶地区公路设计环保优先的设计理念

公路建设离不开环境与资源的支撑，也对自然环境产生一定的负面影响。因此，在公路建设过程中，要尊重自然规律，建立和维护人与自然相对平衡的关系，倍加爱护和保护自然；要树立"不破坏就是最大的保护"的理念，坚持最大限度地保护、最小程度地破坏、最强力度地恢复，使工程建设顺应自然、融入自然；要把工程防护与生态防护结合起来，把设计作为改善环境的促进因素，摒弃先破坏、后恢复的陋习，实现环境保护与公路建设并举、公路发展与自然环境相和谐，努力建成环保之路、景观之路、生态之路。

协调环境与其他目标的关系要做到以下几点。

（1）树立生态设计思想：任何与生态过程相协调，尽量使其对环境的破坏影响达到最小的设计形式都称为生态设计。这种协调意味着设计应尊重物种多样性，减少对资源的剥夺，保持营养和水循环，维持植物生境和动物栖息地的质量，以改善人居环境及生态系统的健康。

（2）形式灵活：公路从选线开始要充分体现出自由灵活、形式服从功能的原则，尤其在技术指标的掌握上要灵活自由，尊重客观实际，不盲目地追求高指标、高标准，山区公路的断面形式要结合具体的地形地貌和环境特点灵活多样，能满足交通量的需求即可，这样既达到了减轻环境负面影响的效果，又达到了节省投资的目的，还起到了一种天然美观的作用。

（3）师法自然，和谐统一：道路景观的设计应最大程度地模仿自然，减小人为的痕迹。路线方案的选择应与周围的地形相一致，使整个路线和周围的环境相协调。边坡的防护方式、互通式立交的绿化栽植、绿化植被物种的选择、标志和护栏材料的选择等方面都应体现对周围自然环境的尊重和模拟。这样做也使得环保、美观和经济间相协调。

6.1.6 岩溶地区高速公路设计指标的灵活运用

为保证公路的畅通和使用效率，国家需要对设计指标进行规定。标准规范中对指标的规定一般是考虑较多影响因素后，采用具有典型性和代表性的通用值。而实际情况千差万别，当规定的背景条件发生变化时，基于原始边界条件变化基础上的适度灵活并不违背标准规范对该指标的本质规定，也就是说，原始边界条件的变化为灵活运用指标提供了可能。

灵活性设计理念强调每一个公路建设项目都具有特殊性，包括项目所在地区的地理位置、地形地貌、地质条件、气候气象、社会环境、不同的文化传统、风俗习惯、审美观特点以及公路使用者的需求、面临的挑战与机遇等，这些都构成了不同地区特有的公路景观环境，公路设计者所面临的任务就是在功能、安全与周围自然和社会环境之间寻求协调和平衡。

灵活性设计并不是试图创建一个新的标准，而是在灵活运用现有法律及规范的基础上，在不降低安全性的前提下，通过灵活设计寻求达到更符合公路沿线可持续发展的目标。通常，规范的指标范围给了设计者充分大的空间，设计者可以探索选用不同的设计指标，分析不同的取值引起各个因素需求的波动，从而寻求更加优化的方案。

灵活运用技术指标并不是去创造一个新的指标来指导公路建设，它只是对现有的规范指标的灵活运用。标准规范中对不同技术标准条件下路线设计指标做了详细的规定，给出了线形设计的一般原则，以及在运用技术指标时应注意的若干问题。根据规范中各种指标规定时所考虑的因素不同，可将技术指标分为强制性指标、非强制性指标和突破性指标。

因此，技术指标灵活运用的基本原则是：强制性指标严格执行，非强制性指标灵活掌握，突破性指标论证使用。

6.2 岩溶地区高速公路地质选线方法研究

岩溶（karst）是影响高速公路工程建设的重大不良地质现象之一，目前仍是工程建设中的世界性难题。广西是我国著名的岩溶区，岩溶面积为 $97725km^2$，占全区面积的 41%。河池地区岩溶占该地区面积的 65.8%，比重最高。合理布设公路路线，根据路线所经区域的岩溶发育特征，科学解决穿越与避让问题，对于避免工程病害、降低工程造价、减少环境破坏意义重大。

6.2.1 岩溶工程地质

近年来，广西高速公路发展迅速，在岩溶地区建成了多条高速公路，如桂林至阳朔高速公路、宜州至河池高速公路等，运营状况良好。但由于高速公路所经地区岩溶地质条件复杂，在施工和运营中不可避免地会出现一些岩溶工程地质问题，主要包括：

（1）岩溶水的侵袭。

（2）岩溶洞穴对工程稳定性的影响。

（3）松软堆积物的坍塌。

（4）岩溶区覆盖层大面积的塌陷，威胁建筑物的安全等。

上述 4 种危害，涉及高速公路建设的各种工程，且最为常见，规模也大，预测困难，尤以岩溶水侵袭和地面塌陷对工程危害最为突出。

（1）岩溶水对工程的危害。岩溶水是在各种岩溶形态表面和内部之地表水与地下水的总称，包括岩溶泉、接触带岩溶水及地下河等表现形态。岩溶地表水与地下水联系紧密，因而复杂多变，若认识不足，路基常遭破坏。

1）岩溶地表水的危害。岩溶地表水对工程的危害主要表现在岩溶洼地、谷地中，洪水时冲刷、淹没桥涵及路基，洼地积水浸泡路堤，引起路堤下沉或坍塌等。

2）岩溶地下水的危害。岩溶地下水对公路工程的危害主要表现为雨季时路基基底涌水，使路堤坍滑或冲毁；桥基坑涌水增加排水困难或基坑坍塌，妨碍施工；隧道大量涌水或突水，且伴随涌泥、涌沙，增加施工、运营困难。又因水位、水量变幅大，致使排水工程不易奏效，以及地下水位下降造成地面塌陷而危及工程建筑安全。

（2）岩溶洞穴对工程的危害。岩溶洞穴对工程的危害主要表现为建筑物基础悬空；洞穴顶板过薄，不能承受负荷而发生突然坍塌，引起建筑物的破坏。

（3）洞穴堆积物及碳酸盐岩风化层对工程的危害。由于地下水化学作用及物理作用形成的洞穴堆积物有化学沉积和碎屑沉积两大类。洞穴堆积中与工程关系不大的尚有生物作用形成的生物沉积。上述沉积物具有松软、松散、性脆、多孔、含水量高、下沉量大、强度低、稳定性差等特点。除此之外，岩溶地区尚有风化的山砂残积土及破碎岩体的坍塌等都对工程的稳定性有影响。

（4）岩溶地区地面塌陷的危害。岩溶平原及洼地、谷地中，覆盖着第四纪松散土层。土层中地下水位埋藏浅，一般具有统一水面，当基岩岩溶发育时，地下水流动、水位下降或其他原因，均可能引起地面塌陷。塌陷的时间很突然，空间位置难以预测。

6.2.2　岩溶地区公路地质选线一般原则

岩溶地区岩溶的发育特征，反映了岩溶地区地貌控制、岩性控制、构造控制、岩溶水控制的组合效应，同时集中凸显了受剥夷面、岩性控制的特殊性。岩溶地区高速公路的主要地质问题是岩溶水、岩溶洞穴、松散堆积物的坍塌及岩溶区覆盖层的大面积塌陷。公路地质选线时，要综合考虑各方面因素，妥善处理好各方面关系，其基本原则如下：

（1）路线设计应以岩溶地质条件为主导，在对可能发生的工程地质问题充分论证的前提下，合理地进行工程地质选线与方案比选，同时注意协调与经济、环保、安全、美观、舒适等多个设计目标的关系。

（2）在岩溶地区选线，必须认真勘测，尤其是加强工程地质勘测，全面比较，避重就轻，防害兴利。要从地质条件上弄清项目区岩溶的发育规律和分布规律，在选线中慎重确定路线的布局和位置。

（3）岩溶地区地质选线应处理好局部与整体的关系。岩溶发育地段，一般线路以绕避为主，或选择在岩溶发育较弱的地区通过为宜。但有时受重大工程或控制性工程位置的技术要求限制，致使路基、桥涵、隧道等工程完全避开岩溶是不可能的。穿越岩溶区有时从局部看可能是不理想的或不经济的，但从整段线路总体来看，则可能是经济合理的。故岩溶地区的地质选线，必须通过综合勘探手段查明岩溶分布范围、发育特征、发展趋势，研究可行的整治措施。然后进行多方案、多措施比选，确定工程可行、经济合理的线路方案。

（4）岩溶地区，地形地质复杂，公路选线应重视重大工程的方案选择。公路跨越峡谷河流的高墩大跨特殊结构桥梁，穿越山岭的长大隧道等重大工程方案常常制约局部路线方案。有时重大工程方案成败决定路线方案的取舍。因此，应优先选择控制路线方案的重大工程方案，以便尽快稳定路线方案。

（5）岩溶山区公路选线设计，对可能出现工程病害的高填、深挖及重大不良地质路段，应以桥隧和路基方案综合比选后，考虑经济合理、技术稳妥及安全环保等因素择优选用。

（6）路线应尽量选择在：①岩溶不发育、欠发育、相对弱发育的地层岩组通过，依次为非可溶岩→不纯碳酸盐岩→间互型碳酸盐岩、纯碳酸盐岩中的有利部位等；②宽缓褶皱、构造简单、断裂欠发育的构造地块；③不利于岩溶、岩溶水发育的分水岭地区、补给区通过，避开排泄区，远离暗河。

6.2.3 岩溶地区公路地质选线程序

公路选线应针对路线所经区域的生态环境、地形、地质的特性与差异，按拟定的各控制点由面到带、由带到线、由轮廓到具体，进行比较、优化与论证。不同的设计阶段，选线工作内容应各有侧重，后一阶段是前一阶段的继续与完善。公路选线应对路线所经区域、走廊带及其沿线的工程地质和水文地质进行深入勘察，查清其对公路工程的影响程度。

岩溶地区公路地质选线程序是以岩溶工程地质为主要控制因素，兼顾地形、人文、生态、景观等因素，通过岩溶工程地质勘察、路线方案布设、路线方案地质风险评价、路线方案优化等方法手段，对路线方案进行反复评价与优化，最终达到多目标协调目的的选线过程。

按照高速公路设计程序，一般分为工程可行性研究、初步设计、施工图设计 3 个阶段。3 个阶段路线设计考虑的重点不同，因而地质选线考虑的因素及程序也有所不同。工程可行性研究阶段解决路线走廊带比选问题，初步设计阶段解决路线走廊带内路线方案比选问题，施工图设计阶段则主要是技术指标的优化和局部方案调整问题。因而，本课题所研究的地质选线主要考虑工程可行性研究阶段和初步设计阶段。图 6-1 所示为公路工程地质选线概念程序模型。

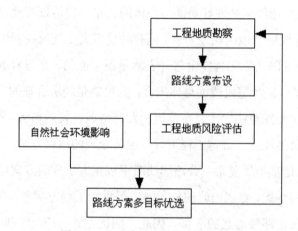

图 6-1　公路地质选线概念程序模型

岩溶地区选线与非岩溶地区工程地质选线的主要不同之处在于，不仅要对各种基础地质条件进行勘察和选线风险评估，更重要的是对岩溶发育和岩溶水文工程地质条件进行勘察和选线风险评估。岩溶工程地质勘察与公路选线紧密配合、相互协作。各设计阶段任务不同，岩溶地质勘察的深度和广度也不同，地质选线的程序和解决的主要问题也随之变化。

6.2.4　岩溶地区公路地质选线要点

1. 路线应避开碳酸盐岩与非碳酸盐岩的接触带

由于非碳酸盐岩的阻隔，碳酸盐岩与非碳酸盐岩的接触带有利于地下水的富集，岩溶水的化学、物理作用强烈，岩溶发育。平面上沿接触带走向分布有串珠状的各种岩溶形态，地下水多具有承压性，且常发育与接触带走向一致的纵向暗河，并与碳酸盐岩一侧的横向暗河相连。为避免岩溶水和洞穴的危害，线路应避免设在接触带及其附近，必要时应以大交角穿过。

接触带上发育的岩溶，也并非全然暴露于地表，有时因第四系覆盖或因侵蚀基准面的变迁，早期的暗河已成干洞，地面岩溶不发育，选择路线时，要极为慎重。工程实践中，常遇到地表岩溶不发育，开挖后才发现多层洞穴发育的情况，而此时试图避重就轻的局部修改路线已不可能，只能采取工程处理措施。

接触面附近路线平面位置的选择以绕避为主，至于接触带附近路线剖面高程的选择问题，要视接触面与路线的相对位置而定。图 6-2 为几种空间位置情况，路线应以避开接触面为宜。

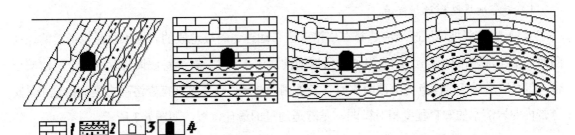

图 6-2　碳酸盐岩与非碳酸盐岩接触面附近的路线剖面图

1—碳酸盐岩；2—非碳酸盐岩层；3—远离接触面的较好位置；4—靠近接触面的不利位置

路线应选在接触面哪一侧，距接触面的距离多少，要根据具体情况而定。碳酸盐岩的岩溶问题对工程固然不利，但由于碳酸盐岩本身具有较高的强度和稳定性，就其工程地质条件而言，与非碳酸盐岩相比，又具有利的一面。在岩溶发育地段，有时可将线路做局部改动，或移在碳酸盐岩层中通过。总之，线路选择必须权衡利弊，慎重决定。

2. 路线避开有利于岩溶发育的构造带

构造破碎带以及褶皱轴部等有利于岩溶发育。断裂带如为张性易于富集、传导地下水，如为压性则因阻水而使地下水富集于一侧，当为扭性时两种可能兼有。向斜轴以及断裂交叉处更有利于地下水富集、传导。上述地带岩溶水循环交替强烈，岩溶作用亦剧，常发育有地下大厅及暗河等。路线位置力求避开或不与其靠近，必要时以大交角通过。

有些受断裂控制发育的岩溶，并不能都在地表充分暴露出来。这时只能根据影响岩溶发育的各种因素，在勘探的基础上作出分析判断，以确定路线位置。

3. 路线避开岩溶发育的极强地区

岩溶发育的极强地区，无论对勘测、设计、施工和运营都会造成很大困难。因此，在研究线路方案时，一般以绕避为宜，而将路线选在岩溶发育相对轻微的地区。

4. 路线绕避网状洞穴和巨大空洞区

在碳酸盐岩地层中，网状洞穴和巨大空洞常发生在岩层产状平缓、质纯、层厚、断裂密集或交叉的地带，或地形切割剧烈，且地表与暗河有水力联系的地段。大洞穴在地表常有"天窗"、冒雾气、塌陷及落水洞等特征。对这类岩溶洞穴的处理颇为困难，往往需要付出高昂代价，甚至会达到现有技术能力无法克服的程度，而迫使路线改动。

因此，应在勘测的基础上，对已查明的网状洞穴或巨大空洞，或者根据网状洞穴和巨大空洞的发育条件及其特征，预测其空间位置，将路线移到岩溶发育程度相对轻微的地段上。

6.2.5　岩溶地区隧道方案选择研究

1. 岩溶地区隧道选址要点

（1）岩溶斜坡地区隧道应选择在岩溶安全带通过。斜坡地段的岩溶水总是以最短的途径向河流等排泄基准面排泄，因而斜坡地段以横向岩溶水为主。岩溶斜坡地带存在一个岩溶安全带，即岩溶水最低排泄点与山顶面靠河谷最外侧的洼地、竖井等垂直岩溶形态之间的地带。安全带内的岩溶水的发育程度相对微弱，是隧道通过的最佳位置，如图 6-3 所示。

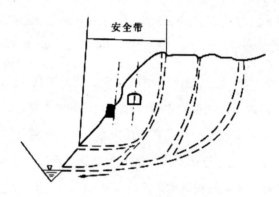

图 6-3　岩溶安全带示意图

（2）越岭岩溶隧道应选择从岩溶垂直渗流带内通过。岩溶垂直渗流带相对于水平流动带岩溶发育较弱，主要为雨季下渗的"过路水"，地下水集水面积小，突水突泥可能性大大降低。有条件时，岩溶隧道应抬高路线高程，从岩溶垂直渗流带内通过。

（3）隧道应从岩溶相对不发育地层通过。岩溶的发育主要受地层岩性和地质构造控制。一般可溶岩含量越多，受构造影响越大，岩溶越发育。因而，应加强地质勘察工作，选择隧道洞身从岩溶相对不发育地层通过，以降低工程地质灾害的风险。

（4）路线应绕避有利于岩溶发育的构造带及岩溶发育极强烈地区。断层破碎带、褶皱的轴部等构造发育部位，地下水循环强烈，有利于岩溶的发育。这些构造发育部位往往成为地下水的循环通道或储水构造，路线应避开这些地带，或以大角度通过。大型岩溶洼地、岩溶槽谷中央、地表串珠状漏斗、洼地呈线状排列等岩溶发育极强烈地区，地表水入渗条件好，地下水发育，其地下多存在暗河等岩溶管道系统，对公路勘察、设计、施工和运营都会造成极大的困难。因此，一般以绕避为主，将线路选在岩溶发育相对轻微的地区。

（5）隧道应于暗河顶板之上，保证安全顶板厚度大角度与地下暗河相交。隧道与暗河平行或下穿暗河极有可能因施工袭夺暗河水,诱发突水灾害。隧道应位于暗河顶板之上,大角度与地下暗河相交,并保证安全顶板厚度,防止暗河与隧道连通,诱发突水灾害。如果隧道线位标高低于暗河标高,极易遇到大型厅堂式溶洞和突水等灾害,隧道线位不应低于暗河标高,在纵断面设计时要提高高程至能保证隧道基底厚度为准。另外,由于暗河的上覆岩层往往会存在较强烈的岩溶发育区,还应结合工程风险,对隧道线位的合理高程进行评估分析。

(6)越岭隧道应尽量穿越 S1~S2 剥夷面地区。S1、S2 高剥夷面多处在山岭区,穿越的隧道多埋深较大,处在深部循环带,岩溶不发育、欠发育,地下水微弱。S1、S2 高剥夷面多为岩溶水的补给区。岩溶水以垂直渗漏为主,即使分布纯碳酸盐岩地层,发育的岩溶以垂直形态为主,一般规模较小。路线穿越 S1、S2 山岭和 S2 峰丛槽谷组合地貌时,应尽量选择在岩溶水文地质条件相对较好的山岭分水岭或槽谷收敛端通过。分水岭和槽谷的收敛端岩溶水文地质条件相对较简单。

2. 岩溶地区隧道布置形式

在山区高速公路隧道布设时,短隧道往往采用连拱隧道。连拱隧道具有避免洞口分幅、路线线形流畅、洞口占地面积较少、与桥梁或特殊工程易于衔接等优点。但其隧道结构复杂、施工工序多进度慢,洞口的边仰坡处理较困难,特别是偏压陡坡地段的处理更复杂,工程造价较高。

对于岩溶地区,围岩受岩溶发育影响,考虑到连拱隧道受力结构形式特点,当遭遇大型溶洞或地下暗河时,因隧道左右线相互联系紧密,穿越或者跨越溶洞时需要综合考虑左右洞关系,因而导致处理跨径较大,结构形式复杂,且造价较高,得不偿失。相对而言,分离式隧道处理较为简单。另外,连拱短隧道往往会选择在穿越垭口等地质复杂地段,垭口段一般属于断层破碎带,岩溶较发育。因此,在岩溶地区,隧道选线在路线线位条件允许的情况下,应尽量避免采用隧道穿越垭口,若确实需要隧道穿越,也应尽量考虑采用分离式隧道穿越垭口。

6.2.6 岩溶地区桥位选择及其设计要点

在岩溶地区,由于受岩性、地质构造、水动力条件和气候等因素的影响,在桥梁修建的不同河谷地段,岩溶发育特征各异,空间分布规律复杂,给桥梁的设计和施工造成一定困难。岩溶对桥梁的危害一般表现为:溶洞顶板坍塌而引起桥梁或涵洞下沉及破坏;突然性的地下涌水冲毁铁路桥涵;洞穴周期性冒水,引起桥涵沉陷、崩塌。

(1)岩溶地区桥梁桥位选择要点。在岩溶地区修建桥梁,为节省工程投资,并确保桥梁运营安全,必须做好桥位方案的选择。在地形、地貌复杂,岩溶发育区的特大桥及大桥,一般做两个或两个以上的桥位方案比较。比较时,首先应搜集有关桥位处的岩溶地质资料,进行分析研究,推断溶洞、溶槽、溶沟、暗河的平面及空间位置及其分布概况,并在现场调查核实及采取必要的物探及适量钻探，掌握溶洞的分布范围和规模大小，采取"避重就轻"的原则选择桥位方案。

1）桥位宜选在稳定性较好、岩溶发育相对较弱、地形地貌条件适宜、工程地质条件简单的河段，使深基工程减少，处理岩溶的程度降低。同时，桥位宜选在直线河段，使桥梁与河流正交。

2）对于规模大且处于强烈发育阶段的岩溶，桥位宜避开；对于中、小规模处于停止发育的岩溶，桥位宜选在最窄且易于采取简单工程措施的地段通过。

3）注意不同河谷地质结构对不同桥梁类型的适宜性，充分利用不同地层岩（土）性奠基。注意绕避活动断层或以大跨径跨越活动断裂。当路线通过岩溶地区构造破碎带时，因该处岩层破碎、地下水富集、地表径流和地下水循环交替频繁、岩溶极为发育，应尽量使桥位垂直或以较小斜交角通过，必须避开巨大洞室和大竖井。

4）桥位宜选在岩溶相对较浅和河水浅及覆盖层浅的河段通过。桥位应尽量避开可溶岩层与非可溶岩层和不透水层的接触带的河段（因落水洞、漏斗、塌陷及暗河等岩溶形态常成群沿此带发育）。

5）在岩溶平原区，桥宜选在洞穴顶板较厚、洞穴小，溶沟、溶槽较弱的河段通过。在规模大的溶蚀洼地地区，由于水流不畅，谷内常有落水洞及间歇性上升泉，桥位宜选在洼地边缘通过。

（2）岩溶地区桥型选择要点。布置桥型方案时，应对桥位所处地形、地貌、设计流量、设计水位、通航情况及溶洞、溶槽、溶沟、竖井、漏斗、落水洞、暗河、地下湖及岩溶大小、位置、充填情况进行全面分析研究，以确定梁部孔跨式样、墩台及基础类型。

1）当桥位位于岩溶极发育、洞穴尺寸大、溶槽及溶沟密集并深入河谷时，在技术经济比较采用大跨度梁部结构合理情况下，宜优先采用大跨度，特别是大的溶洞、溶槽、溶沟及暗河，以一跨跨越为宜。

2）在岩溶发育的河谷，墩台位置宜避开溶洞、溶沟、溶槽、漏斗及暗河的中部或深部，以降低桥梁墩台的高度及基础处理费用。

3）在岩溶发育的河谷，如河槽内有蠕动活动断裂，因其形成的时间短、胶结不良、导水性强、岩体强度低，墩台位置应避开断裂带，以确保墩台基础的稳定及桥梁安全。

4）岩溶地区桥梁，下构宜采用轻型结构，减少基础工程。如岩溶覆盖土层强度和稳定性较好，可采用浅基础，避免与地下的岩溶接触而引起复杂的基础工程。对于松散覆盖层或多层溶洞，则应少用浅基础，一般以深基础或桩基础穿过覆盖层和洞穴，立于稳固岩石上。

对于矮桥，可采用小跨、钢筋混凝土小截面桥墩和条形扩大基础，或采用混凝土箱形桥整体式基础，浅置于覆盖层上。当覆盖层厚在 15m 以上时，可采用排架桩墩（即基桩栈桥）摩擦支承于覆盖层上，或穿过土层建于基岩上。

坍陷区桥涵，可采用钢筋混凝土整体式网格地基梁基础。当陷穴较小时也可用整体式钢筋混凝土地基梁基础。若坍陷区覆盖土层松散变形，稳定性差，可采用重锤强夯法，破坏土层结构，增加土的密实度和承载力，配合轻型结构浅置基础建桥。对于较小的岩溶情况，也可采用清除、疏导、跨盖、加固、冲压挤密、回填等方法予以处理。

5）岩溶地区墩台类型要结合桥位水文、地形、地质、岩溶发育状况、材料供应、工期及机具设备等诸因素综合考虑。

一般墩高在 30m 以上的采用圆形或圆端形空心桥墩；墩高在 30m 以下的，有水河流采用圆形、圆端形墩；流量小的河流及谷架桥采用矩形墩或双柱式墩、刚架墩及其他轻型桥墩。

建于溶洞、暗河顶板上的桥墩，宜用轻型桥墩（如钢塔架墩），以达到减轻结构的自重、降低基底设计应力的目的。桥台一般采用 T、U 形桥台或其他轻型桥台。旱桥填土高度大于12m 时也可采用埋式桥台。

6）为降低对地基承载力要求，减少基础工程量，上构应结合桥梁孔跨布置，优先考虑空心板、箱梁、T 梁等轻型结构。如岩溶状况有导致地基不均匀沉降较大的可能时，可考虑采用梁简支、桥面连续的上构形式。

6.3　岩溶地区高速公路地形选线方法研究

6.3.1　岩溶地貌形态与类型

岩溶发育不仅在空间上与岩性、地质构造有关，而且在时间上与地壳运动有着密切的关系。岩溶个体形态可分为地表形态和地下形态两种，地表岩溶是呈现在岩溶化地块表面上的形态，而地下岩溶是产生在岩溶地块内部的形态。广西岩溶地区公路沿线随处可见各种岩溶形态，但与公路工程关系密切的，有以下几种。

（1）地表岩溶形态。地表岩溶形态是呈现在岩溶化地块表面的形态和现象，一般可分为凸起的正地形和凹下的负地形。

1）溶沟和石芽：地表水沿可溶性岩石的节理裂隙流动，不断地进行溶蚀和冲蚀，开始是微小的溶痕，进一步加深形成沟槽形态，称为溶沟。沟槽间突起者为石芽。

2）落水洞：落水洞是地表水流入地下河的主要通道，常作垂直状或稍作倾斜状，分布于溶蚀洼地和岩溶沟谷的底部，常与地下暗河相联系。其由溶隙受水流溶蚀扩大，并伴随坍塌作用而形成。其深度大者，或可称竖井。

3）漏斗与洼地：漏斗就其成因来说，可分为坍陷的及溶蚀的两种。前一种是由岩溶空洞顶板坍塌后形成的，其底部常为坍塌物或地表水携来的泥土所堆积而成。其形状是上口圆底部尖，宽度大于深度，近似漏斗。公路沿线所见的大部分漏斗多属于这一类型。溶蚀漏斗是溶隙经溶蚀作用扩大后而形成的漏斗状形态。

洼地是漏斗进一步溶蚀扩大，并伴随地下水的作用而形成的。其底部或边缘常继续发育着落水洞或塌陷，以吸收地表水流。

4）岩溶谷地：是在地壳处于相对稳定的情况下，地下水流的水平作用增强，地下通道不断扩大，通道顶板不断地坍塌形成许多洼地，最后各个洼地进一步发展互相连通，构成一种底部平坦、长度往往可达十余千米的封闭或半封闭的长条形盆状谷地。

5）峰丛、峰林和残丘：在岩溶十分发育的地区，溶洞与地下河的上覆岩层进一步溶蚀和塌落，使得巨厚的石灰岩块体被切割，呈分散的石峰，平地拔起，形似丛林，称为峰林。峰丛是峰林的雏形，山体巨大，顶部受强烈溶蚀和侵蚀，形成许多石峰。孤峰进一步破坏变成矮小的残丘。

（2）地下岩溶形态。岩溶地下水在可溶性岩体内溶蚀、冲蚀和堆积所形成的各种岩溶形态和现象如下：

1）溶洞：可溶性岩石经地下水的溶蚀、潜蚀、冲蚀和坍塌作用所形成的地下洞穴称为溶洞。

2）暗河（地下河）：是岩溶地下水的主要排水通道。它是在地壳运动相对稳定的情况下，地下水沿溶隙进一步溶蚀扩大并互相沟通而形成的。

3）洞穴堆积：在洞穴中，常有各种不同成因的堆积物，包括碎屑堆积、化学沉积、河流冲积物、有机充填物，以及混合充填等。常见的堆积物有钟乳石、石笋、石柱、石幔、石珊瑚、石珍珠等。

（3）岩溶地貌的组合形态。各种岩溶个体形态，常组成一定的地貌组合，综合分析研究岩溶的地貌组合形态，对于合理选定公路路线方案具有重要意义。

1）孤峰（峰林）平原区：主要是指由海拔在 150m 以下的开阔波状岩溶平原与高出地面不逾百米的孤峰或簇状峰林所组成的岩溶地区。区内地表水系发育，覆盖层分布广而连续，在低洼地带有较厚的残积和冲积层覆盖。孤峰耸立，溶洞明显成层，暗河时出时没，且埋藏较浅。地下水一般埋深几米至十几米，多具有统一的地下水面。

2）溶丘洼地区：主要是指溶丘与分布其间的洼地所组成的岩溶地区。区内山丘碳酸盐岩大部分裸露，洼地中则多为第四纪地层所覆盖。岩溶形态一般以落水洞、漏斗等垂直形态为主，多分布在山丘的顶部与坡脚。

3）峰林谷地区：主要是指由峰林、峰丛及分布在这些山峰之间的封闭或半封闭的长条形盆状谷地所组成的岩溶地区。谷地面积大者宽数千米，长可达十余千米。谷地中常发育有落水洞、漏斗等垂直岩溶形态，并常与地下的暗河相连通。规模较大的，通道十分发育，除主通道外，常有纵横交错的分支与其相联系，形成了十分复杂的岩溶地下河系。

4）山地河谷区：是指中低山地区河流中、上游两岸陡坡地带。区内受强烈的新构造运动上升影响，垂直通道发育很深，竖井及落水洞普遍分布，溶洞多以直立卵形，几乎无成层性。一般地表以密集的溶丘及小型封闭洼地为主。河流多呈深谷，阶地狭窄，两岸支流下切常较主流浅，沟床陡峻，多呈悬挂式。暗河深埋地下，岩溶泉多在两侧谷坡出露，再排入河谷中，因此临近本区之谷坡，常分布有岩溶水平通道，河流则作为本区岩溶水的侵蚀基准面。

6.3.2 岩溶地区公路地形选线一般原则

岩溶地区，碳酸盐岩受流水的作用，形成了典型的岩溶地貌景观。从公路路线设计角度，按岩溶地貌组合类型，可分为孤峰（峰林）平原区、溶丘洼地区、峰林谷地区和山地河谷区4种地形特征。按照传统公路地形选线操作手法，可分为平原区选线、山岭区选线（沿河线、越岭线、山腰线）、丘陵区选线。综合考虑，对于岩溶地区地形选线，分为孤峰（峰林）平原区选线方法、岩溶山地区（溶丘洼地区、峰林谷地区、山地河谷区）沿河线选线方法、岩溶山地区（溶丘洼地区、峰林谷地区、山地河谷区）越岭线选线方法分别进行研究。

岩溶地区地形选线应综合考虑自然、社会等多种因素的影响，妥善处理好各方面的关系，其基本原则如下：

（1）以"多目标协调"的公路设计理念为指导，协调公路功能、安全、经济、环保、美观和交通质量等多个公路设计目标的关系。认真分析研究项目所在区域的自然条件，灵活运用技术指标，使路线顺应地形，合理利用山坡台地、缓地等有利地形布线，避让不利地形，避免大填大挖，减轻公路对原有地貌景观的破坏和不良影响。

（2）岩溶地区地形选线应与地质选线相结合。路线顺应地形的同时，应充分考虑线位的岩溶地质发育条件，对绕避和穿越方案进行综合比选。一般情况下，应尽量绕避；必须穿过时，应选择合适位置，缩小穿越范围，并采取必要的工程措施。

（3）岩溶地区一般土地资源较为宝贵。路线布设时，要充分与农田基本建设相配合，做到少占田地，并尽量不占高产田、经济作物田和经济林园等。对沿线必须占用的田地，应按国家有关法规，做好造地还田等规划和必要的设计。

（4）岩溶地区风景优美，孤峰、峰丛、峰林、河谷等均为珍贵的景观资源。路线在岩溶地区布设时，特别是通过名胜、风景、古迹、自然保护区时，应充分考虑与周围环境、景观的协调，灵活布设路基断面，合理选用平纵线形指标。对于高速公路，因其路幅宽，应利用其上下行车道分离的特点，因地制宜地采用整体式路基和分离式路基，以保护景观资源。

（5）岩溶地区，受到地形、地质、城镇村庄等条件制约，各种线路工程（铁路、高压线路、低等级公路等）与路线布设于同一走廊带，走廊带资源受限，需要综合协调与各种线路工程的关系，处理好上跨、下穿、平行、改移等问题。

（6）岩溶地区生态环境脆弱，路线在布设时，应充分论证公路修建对路域水环境、生态环境、水土流失等的不利影响，本着"生态优先"的原则，协调公路各设计目标的关系。

（7）路线设计应注意立体线形设计中平、纵、横面的舒顺、合理配合。在工程量增加不大时，应尽量采用较高的技术指标，不应轻易采用最小或极限指标，也不应片面追求高指标。

6.3.3 孤峰（峰林）平原区路线选线要点

1. 孤峰（峰林）平原区选线环境分析

（1）孤峰（峰林）平原区由于长期的溶蚀与夷平作用，地形平坦、相对高差较小，农田间点缀着孤峰和残丘。孤峰和残丘具有秀美挺拔的姿态，山体绿化较好，是岩溶平原区难得的景观资源。山体开挖后，往往岩石裸露，对景观产生不利影响，路线布设时应尽量考虑绕避。

（2）孤峰（峰林）平原区（广西地区）水网密集，河流众多，沟渠密布。地表水丰富，地下水埋藏较浅，且具有自由水面，地表水和地下水关系极为密切。受地下水和地表水的影响，多存在软土地基等不良地质现象。

（3）孤峰（峰林）平原区农田密布，城镇、村庄较多。然而，受岩溶地区整体地貌影响，岩溶平原区一般较为狭小，总体区域不大，因而土地资源极为宝贵，路线在布设时应充分考虑。

（4）孤峰（峰林）平原区低洼平坦地带有较多的土层覆盖，溶蚀基准面相对地抬升，地表岩溶不发育，第四系地层广为分布。适应于基准面的岩溶发育深度一般在潜水面附近，离地面下约 20~30m。基岩下的隐伏岩溶，常有洞穴、竖井、天窗、溶隙、溶缝等开口岩溶形态。当地表河、塘、湖水面及地下水位人为地或自然地发生变化时，极易导致岩溶地面塌陷，破坏地基稳定，危及安全。

2. 孤峰（峰林）平原区选线要点

（1）孤峰（峰林）平原区新建公路时占用一些土地是难以避免的，但结合岩溶地区土地资源宝贵的特点，在可能的条件下要做到少占或不占高产田。要从路线对国民经济的作用、地形条件、工程数量、交通运输费用等方面全面分析比较，使路线既不片面求直而占用大量农田，也不片面强调不占某块田而使路线弯曲过多，造成行车条件恶化。

广西孤峰（峰林）平原区的地貌特点多为残丘、峰林、峰丛环绕下的平原微丘地形，路线在布设时，为减少占地，可将线位布设于残丘、峰丛坡脚。

（2）孤峰（峰丛）平原区有较多的城镇村庄、工业及其他设施，高速公路选线应注意干线功能，以绕避为主，尽量避免穿越城镇、工矿区及较密集的居民点。但考虑到沿线城镇出入要求，可结合公路网功能规划，一方面路线不宜离城镇太远，做到"靠村不进村，利民不扰民"；另一方面通过修建支路和规划集散公路，承担居民的出行需求。在避让局部障碍时，要注意线形的连续舒顺。

（3）孤峰（峰丛）平原区路线应充分考虑孤峰（峰丛）平原的景观特点，将孤峰作为重要景观节点进行考虑，路线在布设时应考虑绕避；对于峰丛和峰林，路线也应以绕避为主，有时为节约土地资源或减少对城镇的干扰，可将路线布设于峰丛、峰林和残丘山脚下。必须开挖时，应考虑植物恢复措施，最大限度地保证景观资源的完整性。

（4）孤峰（峰丛）平原区路线应短直，如离开短直方向，必须有足够的依据。为了绕避障碍而使路线偏离短直方向时，必须尽早绕避前方的障碍，尽量减少曲线数目，并力求减小偏角，采用大而平缓的平曲线。

（5）孤峰（峰丛）平原区突出的岩溶地质问题表现在因岩溶的存在和地下水作用而引起地面塌陷，路线方案布设要点如下：

1）线路避开取水点可能形成的最大下降漏斗范围。在抽水形成的降落漏斗范围内，由于水力坡降大、地下水流速快、水动力作用强烈，有利于真空吸蚀作用而形成塌陷，尤其在抽水点附近，更有利于发生塌陷。近取水点塌陷密度大，远离取水点密度小。路线避开取水点愈远愈有利。

2）路线宜选在覆盖土较厚的地段。当覆盖土层较厚时，有形成平衡拱的作用，不易发生塌陷，或者塌陷不易发展到地面。如果坍塌的洞穴小，埋藏深，土层也厚，则塌陷后也不容易发展到地面。

3）根据已有的地面塌陷和浅埋隧道坑道土体坍方高度等资料，一般当覆盖土厚度大于15m 时，塌陷发生次数相对较少，规模也相对较小。因此，将线路选在较厚土层地段，可减少塌陷的威胁。

4）路线远离构造线或以最大交角通过。塌陷发生的根本原因在于基岩中有岩溶存在，岩溶愈发育，塌陷的可能性和规模就愈大。而岩溶发育程度与褶皱轴和断裂带有关，且沿构造线的延伸方向较为发育。因此，陷穴也沿构造线展布而长度大于宽度。路线远离构造线或大交角通过是有利的。

5）设计路线标高要高于最高地下水位或降低路线标高于基岩中挖方通过。当地下水位季节变动幅度位于覆盖与基岩面间时，如填方地段覆土较薄或挖方地段剩余土层较薄，容易造成表土塌陷和基底软化而影响路基稳定。这时路线标高既可考虑高于最高地下水位，做路堤或路堑，也可降低线路标高于基岩中做挖方通过。

6）路线宜避开多元土层结构地段。二元以上的土层结构，由于它们物理力学性质的差异，较易发生潜蚀等作用，形成地面塌陷。

7）路线宜避开地表水与地下水变化幅度较大的地段。水位变化幅度大，水、气蚀作用强，易于发生岩溶地面塌陷。

8）路线宜避开近期发生过岩溶地面塌陷的地段。这样的地段是极不稳定的塌陷区。

9）岩溶塌陷易发区，路线应以填方通过。这不仅是地形和排水的需要，也为克服塌陷病害创造条件。随着工农业的发展，取用岩溶平原地下水是不可逆转的趋势。从长远观点分析今后因地下水位下降造成地面塌陷是不可避免的，而且多数是公路建设在先、开采地下水在后，在此地区宜以填方通过，力求保留原覆盖土厚度，以减少塌陷危害，并有利于事后对塌陷的处理。

3. 处理好路线与桥位的关系

特大桥是路线基本走向的控制点，大桥原则上应服从路线总方向并满足桥头接线的要求，桥路综合考虑。中、小桥和涵洞位置应服从路线走向。

6.3.4 岩溶山区路线选线要点

岩溶地区地貌组合形态包括孤峰（峰丛）平原、溶丘洼地区、峰林谷地区、山地河谷区岩溶山区等地貌形态，考虑到公路选线特点及考虑的主要因素，将溶丘洼地区、峰林谷地区、山地河谷区归为岩溶山区进行研究。按照山区公路行径地带的部位不同，通常将山区公路线位划分为沿河线、越岭线和山脊线 3 种。由于岩溶地区受地形、地质、技术指标等影响，高速公路线位基本不存在山脊线的布设形式，因而本课题只研究沿河线和越岭线两种布设方式。

本课题所指的沿河线是指岩溶山区溶丘洼地区、峰林谷地区、山地河谷区，路线沿河流走向布设或在洼地、谷地、河谷布设时的路线线位。越岭线则是指路线翻越（穿越）山岭布设的路线。

1. 岩溶山区沿河线选线要点

传统的山区沿河线选线方法主要解决了河岸选择、高度选择和桥位选择 3 个主要问题。从宏观路线方案布设或走廊带选择的角度，沿河线首先应解决河谷选择问题，即根据路线所经区域内各个河谷地形、地质及社会环境情况，合理确定路线的总体走向。因而，本课题针对岩溶山区沿河线选线特点，主要研究河谷选择、河岸选线、线位布设与高度选择、路线与暗河的关系 4 个主要问题。

（1）河谷选择。岩溶山区河谷根据地貌不同可分为 U 形河谷和 V 形河谷。U 形河谷较为开阔，有较连续的地形可供路线布设；V 形河谷较为狭窄，河床陡峻，路线布设困难。U 形河谷区农田村镇、各种线性工程较为密集，高速公路通过时常占用大量农田、造成大量拆迁，又必须采取跨越、下穿、避让等措施，处理与各种线性工程的关系。从工程地质分析，V 形河谷（山地河谷区）受强烈新构造运动上升影响，垂直通道发育很深，岩溶发育强烈，对道路工程影响较大。

在路线方案选择过程中，应从工程地质、征地拆迁、工程难易及造价，以及与各种线性工程之间的关系等方面对路线方案进行比选。一般情况下，应优先选择 U 形河谷地带通过。

（2）河岸选择。因河谷两岸条件各有利弊，选线时应充分调查，掌握路线所经区域的自然特征和村镇分布情况，充分利用有利的一岸，必要时跨河换岸，绕避艰巨工程或利用地形提高线形标准，这是河岸选择的基本原则。岩溶地区河岸选择一般有以下要点。

1）路线应选择在岩溶发育较弱的一岸。河谷水面是地区的侵蚀基准面或排泄基准面。但由于可溶岩出露面积和汇水面积的大小，以及构造条件等因素的影响，两岸岩溶发育常有差异。岩溶发育强烈的一岸，排泄的岩溶地下水较为集中，水动力作用强烈，对碳酸盐岩的溶蚀及机械破坏作用也更剧烈，往往发育成大洞穴或多层溶洞，地表岩溶现象也较显著。雨季时排泄带暗河出口水量猛增，水位高，压力大，给工程造成危害。因此，路线应选在岩溶发育较弱的一岸。

2）以侧蚀作用发育于谷坡上的层状岩溶地带，路线宜靠山里通过。由于构造或岩性的制约，当其地壳间歇上升，河谷间歇下切后，在河谷两岸的山坡上，悬挂着层状溶洞。它与山顶面的岩溶无任何联系，故在河水面以上的均为早期的无水干溶洞。其横向的发育范围随向山里延伸而减弱。因此，路线位置应移向山里通过，以避开洞穴。

3）岩溶区高速公路河岸选择应充分考虑河谷两侧村庄分布、工农业发展、地方道路、人文自然景观等因素。路线线位布设应尽量选择在村镇较少的一岸，以减少对村镇的干扰。根据两岸农田分布，尽量少占农田。在少占农田和选择有利地形相矛盾时，要深入调查，征求地方意见，综合比选，慎重取舍。当高速公路与地方道路或铁路等频繁干扰时，应根据具体情况，考虑分设两岸或采取上跨、下穿、改路等措施。

（3）线位布设与高度选择。沿河线按照路线高度与设计水位的关系，有低线和高线两种。从路线布设方法来看，对 U 形河谷，有沿河岸、直穿田、靠山脚、山腰布设等方式；对 V 形河谷，则有纵向桥、隧道穿越、路基穿越等方式。路线在布设时的要点如下：

1）在溶丘洼地和峰林谷地区（U 形河谷区），高速公路宜靠山布设，设计高程略高于洪水位。就地形条件而言，路线按高线布设，势必出现高填方、深路堑或大桥。路线位于谷底，则易受岩溶水积水危害，并且占地较多。就岩溶地质而言，位于洼地和谷地中的路线因洼地内松散土层浸水引起路基沉陷、坍滑，雨季积水、消水和冒水危害路基，或地下水位下降，引起地面塌陷，影响路基稳定等。因而，路线沿洼地、谷地边缘靠山脚布设，路基设计标高高于最大洪水位是较为理想的线位。

2）在山地河谷区（V形河谷区），路线应提高设计高程，离开排泄带。当路线选在排泄区一岸时，宜布设外露工程（路基、桥、明洞）、少做隐蔽工程（隧道）。无论是哪种工程，平面上远离排泄带、设计高程越高越有利。

3）对于V形河谷地貌或谷地资源较为宝贵的情况下，路线在通过时，可采用纵向桥的方式布设通过，以减少对山体的开挖及占地、拆迁。

4）岩溶山区由于地形地质限制，开阔河谷区往往是城镇聚集区，路线在布设时应充分考虑当地城镇规划，避免直穿，尽量选择在城镇边缘通过。而河谷区的城镇边缘，往往是山脚部位。

5）沿河线高线（斜坡地带路线）即河谷岸坡中部至坡顶地带（斜坡地带）的路线，在选线时还应注意：

a. 斜坡地带路线宜于垂直渗流带及负地形间通过。

斜坡地段的岩溶水总是以最短途径向河谷排泄，因而斜坡地段以横向岩溶水为主。每一横向岩溶水都具有一定的集水范围，在山顶面更是如此。斜坡地段无论早期或现代的水平流动带与垂直渗流带相交处，一般有大洞穴，而现代的水平流动带地下水的运动及溶蚀作用正属于强烈阶段，可能有充水的溶洞（即暗河）等，岩溶裂隙水带因地下水可能下渗对工程不利。因此，为避开大洞穴或大量涌水的危害，将路线剖面选择在垂直带中比选择在水平流动带优越。

b. 岩溶斜坡地带，路线宜靠外于安全带中通过。当上述路线走行于垂直带的负地形间通过而有困难，或地形条件不利而增大工程时，路线可走行于安全带中，如图6-4所示。

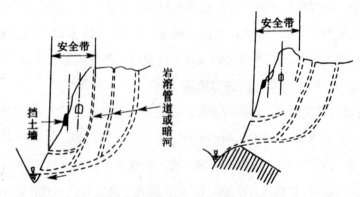

图6-4 路线通过斜坡安全带示意图

c. 碳酸盐岩与非碳酸盐岩间组成的斜坡地区，路线还可选择于岩溶裂隙水带中和非碳酸盐岩中通过。

当碳酸盐岩与非碳酸盐岩间互发育或下伏非碳酸盐岩出露离河水面较高时，路线既可通过上部碳酸盐岩上的安全带或垂直渗流带中，有条件时也可将线路走行于下伏非碳酸盐岩或其下碳酸盐岩的岩溶裂隙水带中通过，如图6-5所示。

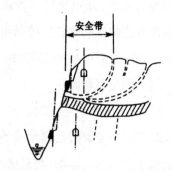

图6-5 路线通过斜坡岩溶裂隙水带中的情况示意图

（4）路线与暗河的关系。

1）路线高程低于暗河时，有3种可选方案。Ⅰ方案路线在暗河下游，可将顶板揭开，设桥涵通过；Ⅱ方案以长路堑通过，挖方工程大，路基排水需特殊处理；Ⅲ方案以隧道通过，水文地质条件不佳，顶板也要求有足够的厚度。实际工作中，可根据具体条件进行选择。

2）路线高程接近于暗河标高时，应将路线选定在暗河出口下游稳定地层通过。当受条件限制时，最好揭开暗河，以桥涵代替路基通过。

3）路线高程高于暗河时，如果暗河顶板岩层较完整且有足够厚度，就可采用低填或浅挖方式通过，如顶板岩层厚度太薄，应对路基底下部的暗河进行加固。

2. 岩溶山区越岭线选线要点

岩溶山区，谷地、洼地与峰丛、峰林、孤峰、残丘交错混杂，因而本课题所研究的岩溶山区高速公路越岭线与一般地区越岭线在选线要点存在的主要差异在于：一般地区越岭线分水岭通常是必须翻越的地形障碍，路线选线要点之一在于垭口选择问题，要选择基本符合路线走向、高程较低、地质条件好、两侧山坡利于展线的垭口。岩溶地区峰林谷地、残丘洼地中分水岭并不连续，路线布设时可考虑绕避与穿越两种方案。穿越时，需考虑越岭方案，峰林、残丘的地形特点多不具备展线特点，高速公路通常采用隧道穿越方式通过。

考虑到岩溶山区地质、地形特点，岩溶山区越岭线选线要点如下：

（1）对于峰林、峰丛地区，高速公路选线与一般地区越岭线选线要点类似，仍需考虑垭口选择、过岭高程选择及展线方式等问题，但对于垭口的地质条件应慎重论证。

（2）峰林谷地、溶丘洼地区，路线在翻越分水岭时，应合理处理绕避与越岭问题。路线绕避方案，实际上为沿河线的布设方式，避免了隧道、桥梁等艰巨工程，也避免了开挖山体造成的环境、景观破坏。但由于谷地中往往是居民居住耕作的场所，占地、拆迁量较大，路线绕避时，多沿山脚布设。越岭或直穿方案多采用隧道穿越，考虑到深路堑方案岩溶地质条件及对景观环境保护，一般不宜采用。隧道穿越征迁较少，线形指标较好，但工程造价较高。

（3）路线宜避开垭口中心，选在地质条件好的一侧通过。垭口是选线的控制点，但却是工程地质的薄弱之处，所以垭口位置是路线工程利弊权衡的焦点。事实证明，垭口中心的公路工程不是因挖方边坡过高岩石破碎而引起坍方，就是隧道因地形地质不良进出洞困难，甚至洞顶薄而坍陷。垭口处常有洞穴、暗河时，造成基底不稳定或雨季路基被淹没等后患。将路线选在地质较好的一侧是有利的。

（4）路线通过分水岭地区时，路线常以隧道通过为主，宜选在地下水分水岭地带通过。由倾斜的碳酸盐岩与非碳酸盐岩组成的地形分水岭，其走向与构造线一致。岩溶水为适应横向谷做与构造线一致的纵向运动，而形成的纵向岩溶水的地下分水岭，此分水岭与地形分水岭（或褶皱轴）垂直。岩溶发育相对微弱。因此，路线可选在地下水分水岭地带通过，以避开或减轻岩溶及岩溶水的威胁。

（5）路线平面位置宜选在岩溶负地形间通过，纵断面穿越垂直渗流带或岩溶裂隙水带。尽管要求路线宜穿过地下水分水岭地带，但公路是线性的整体工程，有时不能选在纵向岩溶水的地下分水岭地带；或者地下分水岭位置不易查清，选择线路平面位置时无法利用，对于由单一可溶岩组成的地形分水岭，岩溶水主要做与地形分水岭走向垂直的横向运动，因而形成了与地形分水岭一致的主要地下分水岭。这时纵向岩溶水的地下分水岭居于次要的地位，也不易查清，难以为线路平面选择所利用。因此在上述几种情况下，为避免大洞穴及涌水威胁，线路平面应选择在负地形间通过。

6.4 岩溶地区高速公路生态选线方法研究

6.4.1 强调生态保护的岩溶地区高速公路设计程序

岩溶地区地形、地质、自然景观、水环境和生态环境具有独一无二的特点，公路设计应充分考虑其特殊性，协调环境与公路建设的关系。公路设计过程是多目标协调的过程，为满足公路设计的目标，协调公路与设计约束条件（自然环境、社会环境及技术标准等）的关系，公路设计尤其是公路路线设计需要分层次逐步进行。

结合我国现行公路设计程序，岩溶区高速公路环境协调性设计程序如图6-6所示。图中表示对环境问题的考虑应从规划阶段开始，贯穿于工程可行性研究、初步设计、施工图设计的全过程，而且在高速公路运营和养护阶段，也应重视环境保护问题。高速公路环境协调性应贯穿于高速公路的全寿命周期，由路网规划阶段的区域生态风险分析，到预可和工可阶段的走廊带环境敏感性分析，至初步设计阶段路域环境影响评价，以及施工图设计阶段敏感点环境影响分析，反映了由区域至局部、由粗到细的过程，相应的环境保护设计也由区域环境影响评估到公路环境影响评价、公路环境保护方案设计至公路环境补偿设计逐步深入和细化。

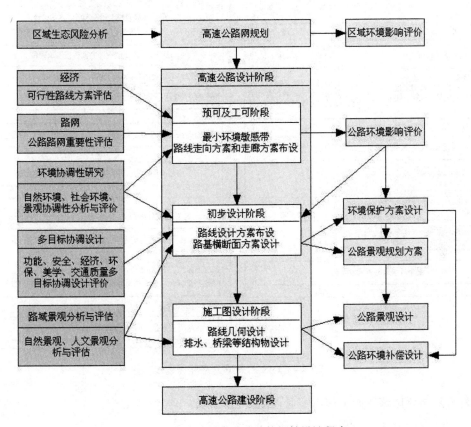

图 6-6　岩溶地区高速公路协调性设计程序

6.4.2　岩溶地区高速公路生态选线方法及其程序

按照《公路路线设计细则》（总校稿）的规定：预可行性研究阶段主要研究路线走向，选定路线走向方案；工程可行性研究应主要选定路线走廊带，确定路线走廊方案；初步设计确定路线设计方案；施工图设计阶段以线位的优化、细化为核心，确定公路线形方案。高速公路生态选线方法及程序以上述程序为主线，可划分为如下 3 个设计阶段。

（1）预可及工可阶段区域范围走廊带环境敏感性分析及最小环境敏感带的选择。

（2）初步设计阶段最小环境敏感带内路线设计方案布设、路域环境影响评估及多目标路线方案优选。

（3）施工图设计阶段环境敏感点影响分析及路线平纵线形设计参数优化。

将高速公路环保选线 3 个设计阶段与遥感空间数据获取、地理信息系统空间分析决策相结合，确定基于 GIS 的高速公路环保选线程序，如图 6-7 所示。

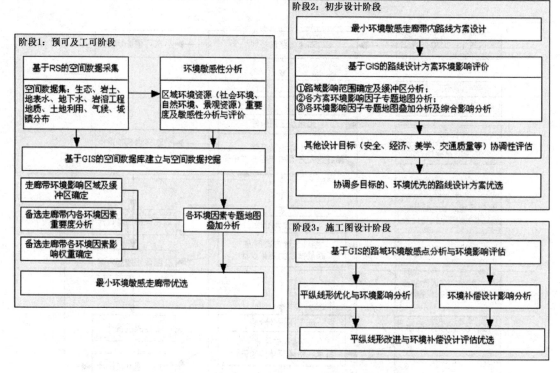

图 6-7　基于 GIS 的高速公路环保选线程序

从高速公路环保选线的工作内容看，主要工作内容可归纳为 6 步。

（1）高速公路影响研究区域界定。

（2）界定、描述和评价高速公路与环境因素的相互关系，并通过专题地图叠加方式，建立高速公路环境敏感性空间分析模型。

（3）基于高速公路环境敏感性空间分析模型，布设和优选最小环境敏感走廊带。

（4）在最小环境敏感带走廊带内，布设路线方案。

（5）环保优先的路线方案多目标比选，确定路线设计方案。

（6）高速公路平纵线形优化与环境补偿设计方案综合比选，确定路线线形方案。

6.5　基于 RS、GIS 的岩溶地区高速公路地质生态选线方法研究

广西岩溶地区地质条件复杂、生态脆弱，拟建高速公路影响区域内的地质断层、岩层岩性、岩溶发育情况、路域岩溶生态石漠化情况，以及岩溶地区特殊的峰林、峰丛等地貌条件，构成了岩溶地区高速公路选线的首要控制因素。利用先进的遥感技术（RS）和地理信息系统（GIS）

对拟建高速公路影响区域内的工程地质条件和生态环境进行详细、高效的调查，科学评估路线方案与工程地质、路域生态环境关系，对于科学地进行岩溶地区高速公路路线方案选择、减少工程地质灾害发生、降低公路对生态环境的影响具有重要的意义。

6.5.1 公路工程遥感勘察的工作程序

在公路工程勘测中，不论是哪个设计阶段，应用遥感勘察时，其一般作业过程是大致相同的，分为准备工作阶段、室内初步判释阶段、外业验证调查阶段。在上述工作的基础上，修改、补充和完善解译标志和初步解译成果，并进行综合的解译与成图；资料整理阶段进行工程地质遥感的资料分析与整理工作。具体工作程序如图 6-8 所示。

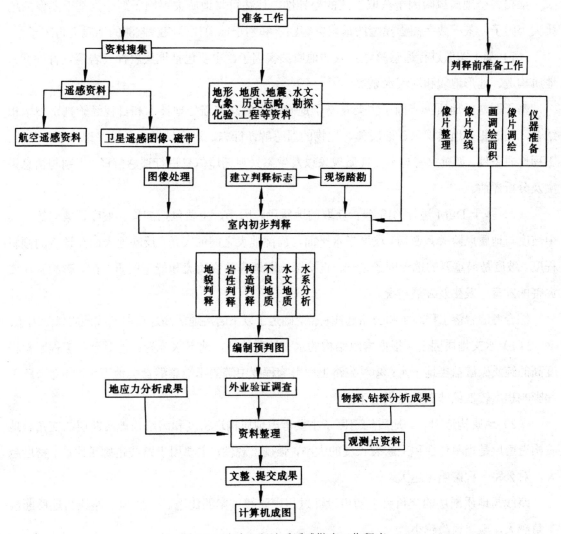

图 6-8　公路工程地质遥感勘察工作程序

6.5.2 地质风险因子选择研究

公路工程地质风险的评估范围应包括地质灾害全部过程和各个方面，即地质灾害灾前风险评估和灾后损失评估。不同目的的地质风险评估工作，其侧重点不同。本项目研究为岩溶地区高速公路路线选线决策服务，属于宏观决策的问题。

根据岩溶地区工程地质条件与公路路线方案决策关系，可将岩溶地区高速公路路线方案地质风险因子分为地形条件、地质条件、地貌条件和气候条件等因素。在实际的公路地质风险评估中，并非上述所有地质灾害因子都是必需的、可靠的和可获取的。为提高地质风险评估的精度与可靠度，可以首先采用以下原则对地质灾害因子进行筛选与简化处理。

根据各个地质风险因子获取方式的差异性，往往可将地质灾害因子划分为基于图像的地质灾害因子、基于数字高程模型的地质灾害因子和基于地面仪器跟踪监测的地质灾害因子。

（1）基于图像进行遥感解译获取的地质灾害因子，主要包括地层岩性（岩溶发育程度）、地质构造、地形地貌和河流水系等。

基于图像的地质灾害因子主要是基于遥感图像信息增强处理技术和目视经验判别技术相结合，通过相关地质现象、地质体、地物的遥感解译标志，对区域地质条件、地形地貌条件、工程地质条件、地质灾害与不良地质现象以及生态景观环境信息进行遥感解译、识别与信息采集及分析评估。

（2）基于 DEM 进行 GIS 分析获取的地质风险因子，主要包括高程、坡度、坡向等，其中坡度与地质风险关系密切。坡度指水平面与局部地表之间的夹角，反映地表面在该点的倾斜程度。坡度是最重要的地形因子之一，直接影响着地表的物质流和能量的再分配，影响着地质灾害的发育、发生及发展情况。

综合考虑岩溶工程地质和公路选线特点，确定了以下岩溶地区高速公路选线地质风险因子。

（1）水文地质因子。根据岩组结构的水文地质特征，地下水分为：①对公路工程影响程度高的纯质碳酸盐类地下水；②对公路工程影响程度中等的不纯碳酸盐类地下水；③对公路工程影响程度较低的非碳酸盐类地下水。

（2）地质构造因子。地质构造因子主要考虑地质构造密度和路线与地质断层的交角。地质构造密度是指单位面积上断裂长度的大小，强调宏观性，主要用于路线走廊带比选。密度越大，对公路工程影响也越大。

路线与地质断层的交角用于初步设计过程中路线方案的比选。一般地，路线与地质断层交角越大，地质风险越小。

（3）地表切割深度和地表切割密度。地表切割深度是指地貌单元（一定流域面积）内最高点与最低点的相对高度。地表切割密度（沟壑密度）是指单位面积上一定级别（或长度）以上沟谷的总长度。切割深度和切割密度是反映地表破碎程度的重要因子，它们共同构成地表的破碎程度。地表破碎程度对公路路线布设、构造物的选取、施工、养护、公路病害的产生，特别对工程投资等都具有直接和间接的影响。

（4）地表坡度。公路工程地形一般按地面坡度及海拔高程（绝对高程）和相对高程进行划分。地面坡度具有地貌发育与成因、形态特征以及公路开发利用三方面的含义。不大于 3°的微坡，以"平原"为主，侵蚀相对微弱；接近 3°出现早期线状侵蚀，土壤蠕动，适宜公路建设，对运输车辆影响小；3°～20°缓斜坡，以丘陵为主，另有中山谷地两侧缓谷坡，中山山前洪积（洪积扇坡顶 15°～20°）区，构造阶地斜坡等；5°～7°（纵坡 9%～12%）是汽车运输界限；8°左右土壤侵蚀开始；12°～15°有深度小于 20m 的层状蠕动，是卡车运行的界限；接近 20°开始出现浅、中层滑坡；块体运动休止角度的最小值为 15°～20°斜坡；大于 20°斜坡，以山地、丘陵为主，具体部位如中山谷地两侧谷坡较陡部分，猪背岭坡面的陡坡、断层崖等；斜坡大于 20°易发生较为强烈的地面片状和线状侵蚀。

6.5.3 生态风险因子选择研究

岩溶地区高速公路生态风险因子选择的目的，在于分析高速公路影响范围内生态环境对高速公路修建行为的承受能力。通过提取岩溶地区高速公路影响域内生态风险因子，并进行空间分析计算，获得路域综合敏感性专题地图，进而获得高速公路最小生态敏感走廊带，综合分析地质因素和地形等其他因素，产生最终路线设计方案。

通过遥感调查、典型样地调查、查阅相关文献及咨询专家，结合已有理论，按照从局部到整体，从具体到抽象的生态、环境两层结构体系来构建生态风险因子，确定植被覆盖指标、土地利用类型指标、石漠化指标和溶岩水体富水性指标。

（1）植被覆盖指标。植被覆盖是地球生态系统中的一个主要指标，大区域范围内植被覆盖的变化体现了自然和人类活动对生态环境的作用。植被覆盖度是指植被在地面的垂直投影面积占统计区总面积的百分比，同时也是土壤侵蚀、水土流失的重要影响因子，是衡量一个地区生态环境质量状况的重要指标之一。

（2）土地利用类型指标。土地利用类型不仅是反映土地用途、性质及分布规律的基本地域单位，也是人类在改造利用土地进行生产与建设的过程中所形成的各种具有不同利用方向和特点的土地利用类别。土地利用类型在一定程度上反映了人类活动对喀斯特地区生态系统的干扰，直接影响着喀斯特地区生态环境的结构和功能演替。

（3）石漠化指标。石漠化主要是指喀斯特石漠化，即湿润区石质荒漠化，代表了世界上一种比较独特的荒漠化类型。

（4）溶岩水体富水性指标。岩溶水体富水性在狭义上是指岩溶地下水系统的储存能力和岩溶水的分布规律。它反映了喀斯特地区水资源空间分配和时间分配情况，是喀斯特地区合理开发水资源和有效调度水资源的理论依据。公路的建设往往会造成水的流通方向改变与阻断、地下水补给源的水环境破坏。

综合考虑上述 4 个生态指标，同时考虑地形坡度的影响，采用专家打分和理论分析方法，确定各因子权重，获得岩溶区高速公路生态综合风险指数模型。

根据各指标的权重建立岩溶区高速公路生态综合风险指数模型如下：

生态本底综合指标=植被覆盖指标×0.285077+地形坡度指标×0.225983+石漠化指标×0.172017+溶岩水体富水性指标×0.154815+土地利用类型指标×0.162108

将植被覆盖等级图、土壤退化程度分级图、地形坡度分级图、生物多样性评价分级图以及土地利用类型图都转化为 Grid 栅格格式，在 ArcGIS 9.3 软件下按照建立的生态本底综合指标模型进行运算，并对综合指数进行标准化，得到岩溶区高速公路综合风险指数图。

第 7 章 结论

高速公路生态景观设计与评价方法是一门综合性、跨学科、跨领域的工程，是科学与艺术、感性与理性的结合体。其研究的方法与技术手段多种多样。本着因地制宜、景观协调、保护环境生态、经济可行的原则，我们对高速公路生态景观设计与评价方法进行了系统研究。目的是在修建高速公路这一人类改造自然的活动中，更好地保护自然景观与生态环境，使交通与景观、环境协调发展，给沿线居民及司乘人员提供一个风景优美、秀色宜人的环境空间。

7.1　主要结论

本书主要结论如下：

（1）本书在系统分析路线走廊带组成要素的基础上，提出路线走廊带的识别、分析与选择方法；提出按照公路生态景观设计的目的和理念，从功能、安全、环保、美观、以人为本和可持续发展出发，从环境、地形地质、交通效率与安全、工程造价、经济发展、社区价值 6 个方面的因素对走廊带进行识别与分析；提出了强调环保的山区高速公路设计程序，解决了公路走廊带选择缺乏可操作方法和程序的问题；并以 GIS 为平台，提出基于图形叠置法和层次分析法的环境评价方法，进而提出基于 GIS 和 CAD 系统的强调环保的设计程序，提出 GIS 和 CAD 系统的集成方案；根据不同地段不同的生态景观设计方法，提出三维仿真设计和实地试验方法。

（2）本书结合我国公路交通的发展现状及高速公路的特点，基于公路景观设计的视觉和美学原理，深入分析了高速公路景观要素，详细阐述了高速公路景观构景原则和指导思想，系统研究了道路景观、桥梁景观、隧道景观、服务区收费站景观、中央分隔带景观的设计方法并进行了一定程度的实证分析。

（3）本书系统分析了构建公路景观评价指标体系的原则和方法，以道路使用者的视觉感受为基础，构建以公路景观协调度为评价目标的公路景观视觉评价体系，基于此选取公路景观评价指标并予以量化，为我国路域景观评价提供了一种直观、快捷的定量方法。

（4）本书在广泛收集建模区域的地形图、地形地貌资料、植被资料的基础上，利用 UC-win/Road，根据本论文研究的内容和目的，结合综合生态恢复体系所推荐的物种选择方法，对生态景观恢复仿真技术进行了深入研究，建立了生态景观恢复效果模型，展示某高速公路中路堤、路堑、立交、桥梁、隧道、绿化带等不同区域的生态景观恢复效果。

7.2　主要创新点

本书主要创新点如下：

（1）提出基于生态景观的路线走廊带的识别、分析与选择方法；提出基于GIS和CAD的高速公路生态景观选线方法，提出详细设计阶段的生态景观设计方法。

（2）系统分析构建公路景观评价指标体系的原则和方法，以道路使用者的视觉感受为基础，构建以公路景观协调度为评价目标的公路景观视觉评价体系，基于此选取公路景观评价指标并予以量化。

（3）对生态景观恢复仿真技术进行了深入研究，建立了生态景观恢复效果模型，展示某高速公路中路堤、路堑、立交、桥梁、隧道、绿化带等不同区域的生态景观恢复效果。

7.3　建议

建议如下：

（1）不同地区有其独特的地理位置、地形地貌特征、气候气象特征及社会环境特征；生活在不同地区的人群有不同的文化传统、风俗习惯及审美观、价值观，这些对公路所处地区的景观环境影响很大，在景观设计中应充分考虑各地区的生产方式、风俗人情，主动邀请沿线有关人士提意见，通过分析，作出经济环境、社会环境、生态环境合理统一又技术可行的设计，使公路与特定的周边空间环境有机地配合，并使环境空间与公路景观间蕴生出具有地方性的景观。

（2）对特殊的地区、生态环境及名胜古迹应请有关的专家参与咨询论证，根据沿路地带的特征进行专门的环保设计，尤其是在古文化发源地、地下文物资源丰富地区，特别需要执行有效的保护措施。

（3）目前我国公路设计对沿线地区的景观资源并无调查评价及景观规划设计的要求，造成高等级公路建设中损害或破坏景观资源的现象屡见不鲜，且有些影响不可逆。故在公路设计中，应把公路视为一个整体的美学实体，不能单纯地把公路视为一个静止孤立的物体。设计人员在主体工程设计时，不能忽视其与周围环境的协调。

（4）道路景观仿真技术研究还应加强。道路景观仿真技术是以数模与计算机技术、信息技术为工具，借助系统模型，对所设计的道路景观进行动态试验研究的技术。现有的仿真模型过于简化，仿真系统理论及仿真系统模型都不完善，今后需要根据实际情况扩展功能模块，完善可视化功能，加强仿真软件的开发和利用。

参考文献

[1] 田银生，陶伟. 城市环境的"宜人性创造"[J]. 清华大学学报：自然科学版，2000
     （S1）：5.

[2] I.L.麦克哈格. 设计结合自然[M]. 芮经纬，译. 北京：中国建筑工业出版社，1992.

[3] J.O.西蒙兹. 大地景观—环境规划指南[M]. 程里尧，译. 北京：中国建筑工业出版
     社，1990.

[4] 汉斯·洛伦茨. 公路线形与环境设计[M]. 尹家骈，赵恩棠，张文魁，等译. 北京：人
     民交通出版社，1988.

[5] 王翠华. 高等级公路景观美化与环境保护[Z]. 交通部科技信息研究所，1993.

[6] 张坤. 浅谈公路景观设计[J]. 云南交通科技，2003（03）：4-6.

[7] 汪慧，王浩钰. 高速公路景观设计之我见[J]. 中南公路工程，2004（04）：89-90.

[8] 李多奇，符锌砂. 道路线形设计中的视错觉及纠正[J]. 中南公路工程，2004（02）：
     86-88+112.

[9] 戴俊. 公路实时动态视景仿真理论及方法研究[D]. 西安：长安大学，2005.

[10] 中国城市规划设计研究院. 城市道路绿化规划与设计规范[S]. 北京：中国建工出版
     社，1997.

[11] 梁梅. 信息时代的设计[M]. 南京：东南大学出版社，2003.

[12] 高速公路丛书编委会. 高速公路环境保护与绿化[M]. 北京：人民交通出版社，2001.

[13] Xu Xuejun, Xie Hua.Construction Virtual Three-dimensional Landscape in Design of Highway.
     TRB 2005 Annual Meeting CD-ROM, 2005.

[14] Zhou B, Blum J, Eskandarian A.Virtual Reality Visualization of Microscopic Traffic
     Simulations.TRB 2005 Annual Meeting CD-ROM, 2005.

[15] Jian Lu, Li Yuan, Wei Xia. Evaluation Approaches of Freeway Gree Landsape. TRB 2005
     Annual Meeting CD-ROM, 2005.

[16] 魏中华. 公路景观设计理论研究[D]. 北京：北京工业大学，2005.

[17] Christopher A.Gills.Landscapes along the Road:A View of Historical Geography along US
     395[D]. University of Nevada, Master of Science, 2002.

[18] Farina A.Principles and Methods in Landscape Ecology[M]. Cambridge: Cambridge University Press, 1998.

[19] 宋石坤. 城市道路绿化规划与设计规范（CJJ 75－97）[S]. 北京：中国城市规划设计研究院，1998.

[20] 贺志勇. 公路景观环境评价与 3S 技术应用研究[D]. 华南理工大学，2003.

[21] 刘滨谊. 景观规划设计三元论——寻求中国景观规划设计发展创新的基点[J]. 新建筑，2001（05）：1-3.

[22] 潘海. 论高速公路景观设计[J]. 重庆交通学院学报，1998（03）：50-55.

[23] 魏中华，王珊，任福田. 高等级公路景观序列构成研究[J]. 公路交通科技，2004(11)：134-137.

[24] 日本土木学会. 道路景观设计[M]. 北京：中国建筑工业出版社，2003.

[25] 夏本安. 高速公路景观绿化设计研究[J]. 中外公路，2004（02）：99-102.

[26] 杨彪. 高速公路景观绿化的探讨[J]. 林业调查规划，2004（S1）：171-179.

[27] 黄小军，陈兵. 高速公路生态恢复若干问题探讨[J]. 公路环境保护，2003，专刊：2.

[28] 交通部公路科学研究所. 高速公路交通安全设施设计及施工技术规范[R]. 1994.

[29] 戴忠华. 公路边坡防护安全与生态美化[J]. 公路环境保护，2004，专刊：2.

[30] 杨满宏. 高等级的公路景观设计[J]. 国外公路，1998（01）：1-4.

[31] 刘书套. 高速公路环境保护与绿化[M]. 北京：人民交通出版社，2001.

[32] 钟宁，罗永忠. 浅析公路绿化与景观设计问题[J]. 公路，2005（09）：188-190.

[33] 赵剑强. 公路交通与环境保护[M]. 北京：人民交通出版社，2002.

[34] 李海华. 高速公路环境绿化探讨[J]. 公路，2005（08）：369-370+317.

[35] 国外道路标准规范编译组. 国外公路景观与环境设计指南[M]. 北京：人民交通出版社，2006.

[36] 刘朝晖，秦仁杰. 公路环境与景观设计[M]. 北京：人民交通出版社，2003.

[37] 河南省交通厅公路局. 公路绿化工程[M]. 北京：人民交通出版社，2002.

[38] 杨少伟. 道路立体交叉规划与设计[M]. 北京：人民交通出版社，2000.

[39] Blakeslee W, Grabowski T M. A practical guide to plant environmental audit[M]. New York:Van Nostrand Reinhold Book, 1985.